Dr. Angela Fetzner

Stress ade -
So kommen Sie
entspannt und gelassen
durch die
Weihnachtszeit

BoD™
BOOKS on DEMAND

Bibliografische Information
der Deutschen Nationalbibliothek
Die Deutsche Nationalbibliothek verzeichnet
diese Publikation in der Deutschen National-
bibliografie; detaillierte bibliografische Daten
sind im Internet über http://dnb.dnb.de abrufbar.

2. Auflage 2017

Herstellung und Verlag:	BoD Books on Demand, Norderstedt
Umschlaggestaltung:	Michael Raab
Foto:	© Alliance fotolia.com
Buchsatz:	Michael Raab
Gesetzt in:	Palatino 11pt Calibri 11pt

ISBN 9783746034713

„A silent wish sails the seven seas.
The winds have changed whisper in the trees
And the walls of doubt crumbled tossed and torn."

„Ein stiller Wunsch segelt über die sieben Meere
Der Wind hat sich gedreht, er wispert in den Bäumen
Und die Mauern des Zweifels wurden eingerissen und
zerbröckelt"

(Frank Farian, Fred Jay)

Inhaltsverzeichnis

Prolog

Weihnachten - das Fest des Friedens, der Liebe und der Freude

Könnte nicht alles so wunderbar sein?

Funkelndes Kerzenlicht, Weihnachtsbaum, Christbaumschmuck, Plätzchen, Christstollen, Krippe, stimmungsvolle Lieder, Geschenke, freie Tage, Erholung, strahlende Gesichter all das und noch viel mehr erträumen wir uns zum Weihnachtsfest, und zwar unabhängig davon, ob man nun christlich eingestellt ist oder Weihnachten einfach als Fest der Familie und der Liebe feiert.

Die Realität sieht aber leider oft ganz anders aus.

Schon lange vor Weihnachten sieht man dem Fest mit einem mulmigen Gefühl, ja oft sogar mit Panik, entgegen. Denn so lange man auch denken kann, läuft kein Weihnachtsfest ohne Verbitterung und Streitereien ab - und alle Welt scheint vollkommen in Stress und Hektik zu versinken. Neben all diesem Wahnsinn ist man außerdem jedes Jahr viel zu spät dran, mit den Weihnachtsvorbereitungen und der Jagd nach Geschenken - und das, obwohl man sich immer wieder vornimmt, rechtzeitig mit den Vorbereitungen anzufangen. Unter diesen Umständen will freilich auch keine rechte Weihnachtsstimmung aufkommen, und das, obwohl die Weihnachtszeit immer weiter vorverlegt wird.

Wie kann man trotz alledem ohne Stress und entspannt das Weihnachtsfest genießen - auch und gerade im Kreise der Familie? Dieser Ratgeber möchte Ihnen wertvolle Tipps und Anregungen an die Hand geben, wie Sie gelassen und ohne Stress über die Feiertage kommen.

Mit den besten Wünschen für ein glückliches und gesundes Weihnachtsfest

verbleibe ich

Ihre Apothekerin Dr. Angela Fetzner

Früher war mehr Lametta...

(Loriot)

Warum können wir Weihnachten nicht mehr genießen, wie damals, als Kinder - voller Vorfreude und mit Sehnsucht im Herzen und einem Strahlen in den Augen? Ist uns diese Freude ein für alle Mal abhandengekommen oder können wir diese neu beleben? Statt höher schlagenden Herzen wiederholt sich nunmehr jedes Jahr dieselbe unschöne Szenerie, gleichsam nach einem ungeschriebenen Gesetz: Weihnachtshektik, Verlegenheitskäufe in letzter Minute, verbrannte oder ungenießbare Festtagsmenüs, Zankerei wegen der Gestaltung des Festes oder der Auswahl der Menüs, Streitereien unter uneiniger Verwandtschaft.

Stress statt Erholung ist angesagt. Streitereien statt Frieden unter den Mitmenschen. Und das, obwohl man stets bemüht ist, es allen recht zu machen. Aber Ihr Mann kann nun mal nicht mit zur Schwiegermutter, den Kindern ist Feiern im Kreis der Familie zu langweilig, ein Teil der Verwandtschaft will in die Kirche, der andere Teil will lieber zuhause Fernsehschauen. Einige Verwandte wollen Geschenke kaufen, andere sind bedürfnislos und möchten auf gegenseitiges Beschenken verzichten.

Vegetarier stoßen auf Fleischesser, Religiöse auf Atheisten, Partyhengste auf Couchpotatoes. Die einen fühlen sich zum Singen von Weihnachtsliedern berufen, die anderen wollen nur noch ihre Ruhe.

Manche wollen ihre neueste Festtagskleidung vorführen, andere dagegen am liebsten in ausgeleierten Jogginghosen und abgetragenen Pantoffeln feiern.

So kommt es durch unterschiedliche Erwartungen und Wünsche zwangsläufig zu Enttäuschungen und Auseinandersetzungen. An Weihnachten sind wir zudem mit einem Mal aus unserem eingespielten Alltag und unserem eingefahrenen Trott herausgerissen und müssen den ganzen Abend verschiedene Generationen und Interessen ertragen. Was früher normal war, hat sich durch veränderte Familienstrukturen geändert. Statt Gefüge von Großfamilien herrschen Paare, Einzelpersonen und sogar Eigenbrötler vor, die nicht gewohnt sind, sich in Familienverbände und Interessen mehrerer Generationen einzufügen. Durch das Zusammentreffen solcher Konstellationen liegen die Nerven blank.

Und selbst die Kirche ist überfüllt, der Nachbar rempelt Sie an und Ihr Hintermann niest unverhohlen in die Luft. Und das Gotteshaus ist so voll, dass Sie nur noch einen Platz hinter einer Säule ergattern können, und von daher vom Gottesdienst überhaupt nichts sehen können. Auch solche Szenerien sind pure Folter für unser Nervenkostüm. Personen, die gewohnt sind, das ganze Jahr über ihr eigenes Ding durchzuziehen, müssen plötzlich Rücksicht üben, müssen sich in das Gesamtprogramm der Festtage einfügen, ohne dass es Ausweichmöglichkeiten gebe - die geballte Ladung an Verwandtschaft muss oft ununterbrochen über mehrere Tage ertragen werden.

Wie in aller Welt soll das funktionieren?

Beim Zusammentreffen mit der ganzen Verwandtschaft treten oft auch ungelöste und uralte Konflikte zutage - Neid unter Geschwistern, Erbschaftsstreitigkeiten werden hochgekocht, alte Wunden wieder aufgerissen. Peinliche Angelegenheiten, wie schlechte Schulnoten, finanzielle Schwierigkeiten oder ständig wechselnde Beziehungen werden angesprochen und bei heiklen Themen wird unerbittlich nachgehakt. Schwelende und bereits bestehende Kontroversen eskalieren und werden offen ausgetragen. Unterschiedliche Meinungen zu religiösen oder politischen Themen werden ausdiskutiert, und jeder der verschiedenen Parteien beharrt eisern auf seinem Standpunkt.

Die ganze Dramatik der Situation wird in einem Sketch **Loriots** durch den Satz von **Opa Hoppenstedt** *„Früher war mehr Lametta"* deutlich - allein in dieser kurzen Sequenz kommt der Generationenkonflikt, der an Weihnachten in besonderem Maße herrscht, zum Ausdruck. Weihnachten - also auch eine Hochzeit für familiäre Streitereien und lautstarke Auseinandersetzungen. Dabei bleibt es aber oftmals nicht, an Weihnachten kommt es sogar vermehrt zu Handgreiflichkeiten und häuslicher Gewalt, auch über erhöhte Scheidungs- und Trennungsraten wird berichtet. Eigentlich wünschen wir uns von Herzen Liebe und Geborgenheit, dazu eine heimelige Stimmung mit Kerzenschein und einem schön geschmückten Baum.

Wenn es nicht so abläuft, wie wir es uns vorstellen, reagieren wir gereizt und geben den Angehörigen die Schuld. Und schaut man nach draußen, aus dem Fenster, sieht die Situation oftmals nicht besser aus. Es regnet ununterbrochen und alles ist grau in grau - anstatt dass es romantisch und stimmungsvoll schneit. Der Schnee kommt erst pünktlich, nach Weihnachten, wenn man wieder zur Arbeit muss.

Und das ganze Dilemma fängt nicht erst mit dem Weihnachtsfest an, sondern schon lange vorher. Die Adventszeit, eigentlich eine Zeit der Ruhe und Einkehr, wird zum hektischen Spießrutenlauf. So graut manch einem von uns schon lange, bevor das Fest überhaupt da ist. Wir sind so angespannt und voller Hektik, dass wir die wunderschöne Vorweihnachtszeit nicht mehr genießen können und stattdessen in blinden Aktionismus verfallen. Was schenke ich? Was koche ich? Was ziehe ich an? Wen besuche ich? Wo feiere ich Weihnachten? Man will schließlich niemanden auf die Füße treten. Karten müssen geschrieben werden, das Essen muss geplant und gekocht werden, der Baum muss geschmückt, die Wohnung auf Vordermann gebracht und dekoriert werden. Es muss eingekauft werden, Geschenke besorgt und eingepackt werden, Betten für Gäste gerichtet werden, Weihnachtsfeiern besucht und Besuche abgestattet werden, die Geschenke überall rechtzeitig abgeliefert werden. Die Liste der Erledigungen - die sogenannte To-do-Liste - scheint endlos lang. Und überall das Wort *„muss"* - ich muss dies noch tun, ich muss das noch tun.

Man weiß oft aber gar nicht mehr, was man überhaupt noch schenken soll, schließlich hat jeder schon alles. So kommt es häufig zu lieblosen Verlegenheitskäufen, oft noch in letzter Minute getätigt, sogar noch an Heiligabend, kurz bevor auch die letzten Geschäfte schließen. Auch die Einkäufe laufen nicht in aller Ruhe ab, so stößt man vielmehr auf endlosen Stau in den Innenstädten, weiter auf überfüllte Parkhäuser und schließlich auf lange Schlangen an den Kassen - all das trägt sein Übriges zum Stresskonto bei. Die gekauften Geschenke müssen schließlich zuhause eingepackt werden, wobei Geschenke häufig so ungeschickt und in Hektik verpackt werden, dass der Inhalt bereits an allen Ecken und Enden herausquillt - das alles spottet jeglicher Beschreibung. Dann die Karten, die man verschicken muss.

Plötzlich ist nur noch die Weihnachtskarte mit dem barbusigen Engel da, die man doch nun wirklich nicht an die Großmutter oder den Chef verschicken kann. Auch sitzt so manch einer grübelnd und ratlos über seinen Karten und weiß überhaupt nicht, was er schreiben soll - schließlich lässt man es bei einem schlichten *„Frohe Weihnachten und ein gutes neues Jahr"* bewenden. Und häufig werden die Karten so spät geschrieben, dass sie erst nach dem Fest eintreffen - ein Schuldiger dafür, die unpünktliche Post, ist indes schnell ausgemacht. Ferner die Weihnachtsbäckerei, ebenfalls ein ganz heikles Kapitel und Anlass für diverse Streitigkeiten.

Die Hausfrau backt kistenweise Plätzchen, die plötzlich niemand essen will - denn alle Welt scheint nur noch auf Diät zu sein. Außer dem Großvater vielleicht, der schon lange vor Weihnachten heimlich die Plätzchen stibitzt und sich auf diese Weise den Ärger der fleißigen Weihnachtsbäckerin zuzieht - all das sind beileibe keine Einzelfälle.

Auch bei der Wahl der Weihnachtsdekoration stoßen verschiedene Geschmäcker und Meinungen aufeinander. Ihr Mann liebt Bling-Bling nach schönster Hollywood-Manier, Sie mögen es aber lieber schlicht und altmodisch. So wetteifert am Ende die karge Krippe mit blinkenden Hirschen und Rentieren, ferner mit winkenden Schneemännern, die schon von weitem die Vorbeigehenden grüßen. Und morgens werden Sie durch den leuchtenden Weihnachtsmann im Schlafzimmer geweckt, der pünktlich um fünf Uhr zu blinken anfängt. Und dann der Rauschgoldengel der Mutter, der seine besten Zeiten längst hinter sich hat, dem diese aber nichts destotrotz einen besonderen Ehrenplatz zusichern will. Neben all diesem vorweihnachtlichen Wahnsinn ist man außerdem jedes Jahr wieder viel zu spät dran und verfällt dann genau in die haltlose Panik, die man doch gerade vermeiden wollte - und das, obwohl man sich immer wieder vornimmt, rechtzeitig mit den Vorbereitungen anzufangen. Und so sind wir schon zu Beginn des Festes fix und fertig, ausgelaugt und völlig erledigt von unzähligen Vorbereitungen.

Unter diesen Umständen will freilich auch keine rechte Weihnachtsstimmung aufkommen, und das, obwohl die Weihnachtszeit immer weiter vorverlegt wird: Weihnachtsmänner und Spekulatius füllen schon im September die Regale, im Oktober erspäht man die Weihnachtsbutter in der Kühlabteilung und spätestens Anfang November rauben uns unzählige Aufsteller mit Adventskalendern und Weihnachtmandeln den letzten Verstand.

Am Weihnachtsfest dann kommt es zu den schon oben genannten Streitereien, jedes Jahr wird die gleiche öde Nummer abgespult, die allenfalls noch die anwesenden Kinder beglückt. Vom herbeigerufenen und ersehnten Frieden ist dagegen oftmals nichts festzustellen.

Nach dem Fest dann Berge von Geschenkpapier und verschmähte Geschenke, weiter volle Mägen, denen nur noch mit verdauungsfördernden Schnäpsen beizukommen ist. Am ersten und zweiten Weihnachtsfeiertag sind bereits viele Menschen krank - vom vielen Essen, vom Stress und auch von Streitereien.

Und jedes Jahr nehmen auch Sie sich vielleicht wieder vor: Das passiert mir nicht wieder, und wenn ich so weit wie möglich wegfliege. Oder alles anders mache als bisher. Schließlich fliehen immer mehr Menschen gerade an Weihnachten in den Urlaub, irgendwohin, Hauptsache nur weit weg - weit weg von der Verwandtschaft, den Erwartungen, dem Stress, der Verantwortung. Und nicht zuletzt auch die Flucht vor der frostigen und ungemütlichen Kälte. Weihnachten im Urlaub, nur mit Ihrem Liebsten, wäre das nicht auch ganz nach Ihrem Geschmack? Wäre dies nicht eine bezaubernde Option? Ohne die ganze *„liebe"* Verwandtschaft im Gepäck - dagegen Weihnachten feiern am Meer, bei strahlender Sonne und herrlichem Wetter? Traumhaft! Ja, geht das? - Oder plagt einen da nicht das schlechte Gewissen und ist dies nicht obendrein ein schlimmer Verrat an der häuslichen Gemeinschaft - so fragen Sie vielleicht. Weihnachten also doch zuhause bleiben, mit allen genannten Risiken und Nebenwirkungen? Ja - auch ich habe mich wieder für diese zugegebenermaßen auf den ersten Blick wenig verlockend erscheinende Variante entschieden. Wie es geht - und wie Sie trotzdem entspannt, glücklich und gesund bleiben können - dazu mehr in den folgenden Kapiteln.

Fangen Sie rechtzeitig mit den Vorbereit- ungen zum Fest an

Zunächst denkt man, es ist ja noch massig Zeit bis Weihnachten, warum sich beeilen - aber auf einmal steht das Fest vor der Tür, ohne dass man alles erledigt hat. Und irgendwie erwischt einen das Fest doch jedes Jahr auf dem falschen Fuß und überrascht einen wie ein plötzlicher Blitz- schlag. Was also tun? Das Motto lautet, rechtzei- tig planen und mit den Vorbereitungen anfangen - wenn man gut organisiert ist und beizeiten alles erledigt hat, kann man sich zu Beginn des Festes entspannt zurücklehnen. Machen Sie sich deshalb eine genaue Liste, was alles zum Fest zu erledigen ist und haken Sie diese Liste Punkt für Punkt ab. Nur so gehen Sie sicher, dass Sie auch nichts ver- gessen haben. Angefangen bei den Geschenken, über die Karten, Kleidung, Besuche, Einkäufe bis zu anderen diversen Erledigungen.

Zunächst die Geschenke. Hier kann man gar nicht früh genug mit den Einkäufen anfangen. Schrei- ben Sie genau auf, wer ein Geschenk erhält und auch in welcher Preislage. So bewahren Sie über- dies einen guten Überblick über Ihre Finanzen und gehen sicher, dass Sie niemanden vergessen. Fangen Sie mit diversen Käufen ruhig schon im Laufe des Jahres an - vielleicht sehen Sie im Kata- log ein Kleid, das Ihrer Schwester besonders gut stehen würde?

Oder haben Sie im Urlaub einen Geldbeutel gesehen, den sich Ihr Bruder schon immer gewünscht hat? Auf diese Weise vermeiden Sie unpassende und lieblose Verlegenheitsgeschenke in letzter Minute und können mit Geschenken trumpfen, die wirklich ankommen. Auch die Karten können schon frühzeitig geschrieben und dann kurz vor Weihnachten in den Briefkasten geworfen werden. Denn auch in der heutigen, vom Internet geprägten Zeit, hinterlassen Karten immer noch einen persönlicheren Eindruck und wenigstens zu Weihnachten sollte man diese kleine Geste der Aufmerksamkeit beibehalten. Haben Sie genügend Zeit, können Sie in Ruhe schöne Karten aussuchen und einen passenden Text schreiben - anstatt liebloses Geschmiere in letzter Minute, womöglich noch auf Karten mit Werbeaufdrucken oder anderen Karten, die dem Empfänger keine Freude bereiten. Legen Sie sich auch hier zeitig eine Liste an, wer alles eine Karte zu bekommen hat. Solche kleine Listen können Sie ohne großen Aufwand zwischendurch, bspw. beim Fernsehschauen, anlegen. Auch Weihnachtsbesuche bei entfernterer Verwandtschaft, Nachbarn, Freunden und Bekannten und die Übergabe von Geschenken an diese sollten frühzeitig über die Bühne gebracht werden.

Denn die Zeit kurz vor Weihnachten benötigen Sie für wichtige Dinge wie Lebensmittel einkaufen etc. Kündigen Sie sich also schon in der frühen Adventszeit bei Ihren Bekannten an, überreichen Sie Ihr kleines Präsent und sprechen Sie dort persönlich Ihre Weihnachtswünsche aus. Überlegen Sie auch frühzeitig, was Sie zu Weihnachten anziehen wollen und ob Sie sich etwas Neues kaufen wollen oder aber auf das Kleid vom vorherigen Jahr zurückgreifen wollen. Legen Sie sich ein neues Kleid zu, so probieren Sie dieses rechtzeitig an, damit Sie nicht am Festtag mit einem Kleid dastehen, das nicht zugeht, an allen Ecken und Enden kneift oder bei dem der Reißverschluss klemmt. Legen Sie auch zu Ihrem Kleid passende Strumpfhosen, Schuhe, Schmuck und Accessoires bereit, damit Sie an Weihnachten nicht erst lange überlegen müssen, was Sie zu Ihrem Kleid tragen - sondern alles bereits parat haben - auf diese Weise ersparen Sie sich wieder unnötigen Stress.

Planen Sie gemeinsam mit Ihren Verwandten, wie und wo das Weihnachtsfest ablaufen soll. Beziehen Sie alle Beteiligten in die Planungen mit ein. So wird niemand vor vollendete Tatsachen gestellt. Bedenken Sie, dass an den Weihnachtsfeiertagen die beliebten Restaurants und Hotels bereits früh ausgebucht sind - wer zu spät dran ist, muss mit Notlösungen wie schlechten Restaurants vorlieb nehmen.

Wenn Sie zeitig wissen, wie und wo Sie Weihnachten feiern, haben Sie Ihren Kopf auch für andere Dinge frei, anstatt darüber rätseln zu müssen, wo denn dieses Jahr Weihnachten stattfindet. Haben Sie das **„große Los"** gezogen, und die ganze schräge Verwandtschaft will bei Ihnen feiern, sind die Vorbereitungen natürlich noch viel umfangreicher. Richten Sie rechtzeitig die Gästebetten und legen Sie genügend Bettwäsche / Handtücher bereit. Kaufen Sie frühzeitig ein, legen Sie für alle Besorgungen eine Liste an. Schleppen Sie beizeiten ausreichend Getränke nach Hause und bevorraten Sie sich mit jeder Menge Gefrierkost - diese kann schon lange vor Weihnachten eingekauft werden und was an Weihnachten nicht verzehrt wird, ist auch noch lange nach dem Fest haltbar. Erstellen Sie frühzeitig einen Menüplan und beziehen Sie Ihre Gäste in die Vorbereitungen mit ein - jeder der Gäste kann eine Speise nach Wahl zubereiten und mitnehmen, damit nicht alles an Ihnen hängen bleibt. Haben Sie Gäste zu Weihnachten, so sollten Sie natürlich auch beizeiten mit dem Hausputz und dem Dekorieren der Wohnung beginnen. Der Weihnachtsbaum kann dagegen noch kurz vor dem Fest besorgt werden. Haben Sie es geschafft, durch gute Organisation die genannten Punkte schon in der Vorweihnachtszeit abzuhaken, können Sie erst mal durchatmen und das Fest ohne jeglichen Zeitdruck beginnen.

Was schenke ich zu Weihnachten?

Alljährlich lassen Überlegungen, was man der lieben Verwandtschaft zu Weihnachten schenken soll, so manchen von uns der Verzweiflung nahe bringen - schließlich haben die meisten Leute schon alles und es bedarf wirklich viel Fantasie, ein geeignetes Geschenk zu finden. Was also schenken? Zunächst, schenken Sie von Herzen, und seien Sie auch großzügig, soweit Ihr Geldbeutel es zulässt. Denn gerade an Weihnachten ist die Geiz-ist-geil-Mentalität nicht angebracht, denn man will seinen Angehörigen ja auch eine wirkliche Freude bereiten - und vor allem auch Streitereien umgehen. Feilschen Sie an Weihnachten also nicht oder rechnen Sie nach, was die Verwandten Ihnen letztes Jahr geschenkt haben - derartigem Klein-Klein sollten Sie am Fest der Liebe keinen Platz einräumen. Fragen Sie auch ruhig bei Ihren Verwandten nach, was diese sich wünschen, lassen Sie sich gerne auch Wunschzettel zuschicken. So vermeiden Sie in jedem Fall unpassende oder nicht willkommene Geschenke. Wir verschenken in der Verwandtschaft auch gerne Spenden oder Patenschaften für Tiere oder Kinder. So bekommt jeder zu dem Projekt, dem er sich verbunden fühlt, einen Zuschuss und überdies kommt das Geschenk auch noch einem gemeinnützigen Zweck zugute. Auch Gutscheine sind als Geschenk beliebt und kommen beim Beschenkten immer sehr gut an.

Gerade Dinge, die man sich selbst nicht leisten würde, wie eine Kosmetikanwendung oder auch eine Wellnessanwendung in einem SPA, erfreuen insbesondere die Damenwelt. Auch Kosmetik/ Parfüm und Gutscheine von Parfümerien sorgen für besonderes Wohlbehagen.

Schenkt ein Mann seiner Liebsten dagegen Töpfe, Tupperware oder ein neues Bügeleisen, darf er sich über deren miese Laune nach dem Öffnen der Geschenke nun wirklich nicht wundern. Einem Mann kann man typische *„Herrengeschenke"* wie schöne Schreibutensilien, einen hochwertigen Schal oder Bilder von der Liebsten schenken - es muss nicht immer die klassische Krawatte, das Hemd oder die tröge Flasche Wein sein. Wer dagegen partout keine Ideen hat, was er schenken soll, kann sich auch im Internet von zahlreichen Geschenkeshops inspirieren lassen. So gibt es spezielle Shops für Herren, für Damen und natürlich auch für Kinder. Auch Gutscheine für einen gemeinsamen Restaurant- oder Konzertbesuch lassen die Herzen höherschlagen. Überdies ist dies ein Anlass, die Verwandten nach Weihnachten nochmals zu treffen - Sie erfreuen also gleichzeitig den Beschenkten und sich selbst. Und über einen netten, gemeinsam verbrachten Abend spricht man noch lange Zeit.

Natürlich können auch gerade bei schmalem Budget mehrere Personen für ein Geschenk zusammenlegen.

Auch Selbstgemachtes, das man in keinem Laden kaufen kann, stößt bei vielen Leuten auf Anerkennung. Sei es nun der selbst gestrickte Schal, Strümpfe oder die Patchworkhandarbeit für die Wand - in einer Zeit, in der kaum noch jemand Handarbeit beherrscht, sind solche Geschenke besonders wertvoll - opfert der Schenkende Ihnen doch zudem mit den Handarbeiten seine Zeit, das teuerste Gut, das wir besitzen. Auch schöne selbst gemalte Bilder, hochwertige Bastelarbeiten oder Fotografien erfreuen die Beschenkten und stellen eine besonders individuelle Aufmerksamkeit dar. Hässliche Geschenke wie Scherzartikel, geschmacklose Figuren zum Aufstellen oder gar Geschenke, die Sie selbst erhalten haben und nicht gebrauchen können, sollten Sie dagegen links liegen lassen. Hawaihemden und Strohhüte bspw. mögen vielleicht den Sommer heraufbeschwören, rufen beim Beschenkten aber allenfalls ein langes Gesicht hervor. Auch orientalische Vasen oder Mokkatassen, beim türkischen Händler um die Ecke gekauft, werden sicherlich keinen Ehrenplatz in der Glasvitrine des Beschenkten finden.

Wer Rafting- oder Tauchkurse, Ballonflüge oder Ausflüge in den Kletterwald an unsportliche oder ängstliche Zeitgenossen verschenkt, beweist weder Empathie für andere noch einen Sinn für Geschenke, genauso wie jener Zeitgenosse, der Konzertkarten an Kulturbanausen verschenkt oder auch Sammeltassen an den Studenten. Koch- und Backbücher, verschenkt an Küchennieten, zeugen ebenfalls von keinem glücklichen Händchen. In die Liste der unwillkommenen Geschenke gehören freilich auch alle Arten von Staubfängern wie Spardosen, Plüschherzen, Toilettenpapiermützen, Schmuckhände, Wackeldackel oder winkende Katzen. Getreu dem Motto *„Schlimmer geht immer"* passen auch Hausschuhe und Strümpfe in falschen Größen, rosa Handtücher oder Bettwäsche und -laken in nicht passender Größe in die Liste der Unsäglichkeiten. Deshalb sollte man das, was man selbst nicht möchte, auch anderen nicht zumuten. Schließlich will und sollte man andere erfreuen und nicht ungeliebte Sachen bei diesen loswerden. Es soll indes gar Leute geben, die extra einen Tisch dafür haben, auf dem sie das ganze Jahr über hässliche Sachen zum Weiterverschenken sammeln.

Und was ist, wenn Ihnen selbst die erhaltenen Präsente nicht gefallen? Ihr Mann schenkt Ihnen zu Weihnachten stets ein viel zu enges Kleid? Sehen Sie das als Vorwurf und Affront? Ihre Mutter beglückt Sie mit altmodischer Unterwäsche oder Strümpfen mit Zopfmuster? Der Bruder mit Antifaltencreme? Stehen Sie einfach drüber und verbergen Sie Ihre Enttäuschung - schließlich ist man kein Kind mehr, das an Weihnachten wegen missglückter Geschenke das Trotzen anfängt.

Wichtig ist auch, am Fest der Nächstenliebe niemanden zu vergessen und an alle Menschen in unserem Umfeld zu denken. Vergessen Sie den Briefträger nicht, der Ihnen bei Wind und Wetter die Post ins Haus bringt. Und wer lächelt Sie im Restaurant oder beim Bäcker immer so freundlich an? Bedenken Sie all diese Leute, die Ihnen den Alltag ein klein wenig erleichtern, mit einer kleinen Aufmerksamkeit - nicht der finanzielle Wert des Geschenks zählt hier, sondern die gute Absicht. Bei aller Schenkerei sollte man aber freilich nicht den eigentlichen Sinn von Weihnachten vergessen - und sich bewusst sein, dass nicht die Geschenke oder das Essen im Mittelpunkt stehen, sondern der Friede und die Liebe unter den Mitmenschen.

Mit Humor geht alles leichter

Bewahren Sie sich bei allem Weihnachtsstress Ihren Sinn für Humor - denn mit Humor geht alles gleich viel leichter. Oft nehmen wir uns Dinge zu Herzen, die eigentlich unerheblich und bedeutungslos sind. Ärgern Sie sich nicht über die Eigenheiten und Schwächen Ihrer Mitmenschen, sondern ertragen Sie diese mit stoischer Gelassenheit und einer gehörigen Portion Humor. Keiner von uns ist fehlerfrei, sondern trägt einen ganzen Sack von Eigenheiten mit sich rum - und doch wollen wir alle so akzeptiert und angenommen werden, wie wir sind.

Die Kastanien waren viel zu lange im Ofen, sie sind kohlrabenschwarz und als Kastanien nicht mehr zu erkennen - was soll's, dann gibt es eben keine Kastanien, es gibt fürwahr Schlimmeres. Die Oma trifft beim Singen der Weihnachtslieder stets die falschen Töne und singt nichtsdestotrotz aus voller Kehle und mit tiefer Inbrunst? Das sollte Ihnen allenfalls ein Achselzucken oder ein Lächeln abgewinnen, Ärger ist hier fehl am Platz. Die Schwester kommt mal wieder zu spät zum Essen? So what? Tragen Sie es mit Fassung. Passieren auch Ihnen kleine Missgeschicke, sollten Sie einfach darüber lachen, auch über sich selbst - und stecken Sie auch Ihre Mitmenschen mit Ihrem Lachen an.

Eine heitere Atmosphäre wirkt erbaulich, und im Nu lösen sich kleine Unstimmigkeiten in Luft auf. Lassen Sie sich von der Bürde Ihrer Probleme und Problemchen weder beugen noch ducken. Jedes Leben besteht nun mal aus Höhen und Tiefen. Und nach dem Regen kommt stets wieder die Sonne. Und lachen Sie jeden Tag ganz bewusst - ein Tag ganz ohne Lachen und Heiterkeit ist ein verlorener Tag. Sorgen Sie sich nicht, leben und lachen Sie - besonders auch an den Weihnachtstagen! Denn Weihnachten ist nicht nur ein besinnliches oder gar ein ernstes Fest, es sollte vor allem auch ein fröhliches Fest sein - der Anlass des Festes ist ja bekanntlich die Freude über die Geburt und die Menschwerdung Christi. Diese Freude kommt bspw. auch in wunderschönen Weihnachtsliedern wie *„Oh Du fröhliche, Oh Du selige Gnaden bringende Weihnachtszeit"* zum Ausdruck.

In diesem Sinne kann und soll Weihnachten also auch ein Fest sein, an dem ausgelassene Fröhlichkeit herrscht und viel gelacht wird.

Entschleunigung statt Perfektion

Ein wesentlicher Grund, warum wir oft an Weihnachten nicht glücklich und zufrieden sind, ist die Bürde des Perfektionismus, die auf uns lastet. Eingeklemmt zwischen Erwartungen, die andere und auch wir selbst an uns stellen, kommen wir kaum noch zum Atmen und Verschnaufen. In einer leistungsorientierten Gesellschaft wird erwartet, dass man entsprechendes Potenzial und Perfektion auch an Weihnachten an den Tag legt: Das Haus muss picco bello sauber sein, alles muss auf Hochglanz gebracht werden, gerade die Hausfrau mutiert schon Tage vor Weihnachten zum gehetzten Arbeitstier und zum wilden Putzteufel. Dann vor Weihnachten noch schnell, schnell zum Friseur, die festliche Frisur gehört schließlich zu Weihnachten genauso dazu wie der Tannenbaum. Nicht zu vergessen die Maniküre, man will an den Feiertagen schließlich samtweiche Hände wie ein Mannequin haben, und nicht solche wie ein Friedhofsgärtner. Und als Festtagskleidung scheint nur das teure Spitzenkleid mit entsprechendem pompösem Schmuck angemessen. Weiter muss die Dekoration im Haus ein Blickfang sein, erst recht an den Fenstern, und ebenso in den Gärten vor den Häusern wetteifert die eigene Weihnachtsdekoration mit der des Nachbarn.

Schließlich will keiner dem anderen nachstehen, jeder möchte das emsigste Weihnachts-Heinzelmännchen sein. Und mal schauen, wer kurz vor Weihnachten die prächtigste und teuerste Tanne ins Haus schleppt. Und auch die Weihnachtsbäckerei soll perfekt sein. Mindestens zwanzig, wenn nicht gar dreißig Sorten Plätzchen werden gebacken, von Vanillekipferl über Makronen, von Zimtsternen bis Bärentatzen. Man möchte schließlich die beste Weihnachtsbäckerin weit und breit sein. Auch das Festmahl soll nicht von schlechten Eltern sein: Champagner schon als Aperitif, dann die üppige Vorspeisenauswahl mit Kaviar und Trüffeln, als Hauptmahl Gans mit Klößen und Rotkohl, dann verschiedene Nachtische, anschließend die Kuchentafel. Zum Schluss die teuren Pralinen und der erlesene Weinbrand. Warum kleckern, wenn man auch klotzen kann. Der ganze Prunk und Protz wird uns schließlich vorgelebt, in der Werbung, in Filmen, von der Familie, von Freunden. Es dürfte klar sein, dass niemand dem anderen in irgendetwas nachstehen will. Also hat alles perfekt zu sein. Hat es das aber wirklich zu sein? Denn wie feierten Maria und Josef mit dem Jesuskind das erste Weihnachtsfest überhaupt? Bescheiden, in einem Stall, mit einem Eselchen und einem Ochsen, Jesus in eine Heukrippe gebettet. Arm, aber glücklich, da man sich hatte und keine materiellen Bedürfnisse gestillt werden mussten.

Vielleicht sollten wir uns bisweilen wieder auf dieses allererste Weihnachtsfest zurückbesinnen, für wenige Augenblicke nur, um wie viel zufriedener und glücklicher könnten wir dann sein. Und so sollten wir versuchen, die Idee vom Perfektionismus abzustreifen, und stattdessen entspannter, glücklicher und gelassener zu sein. Entschleunigung heißt die Parole. Auch mal fünf gerade sein lassen. Besuchen Sie bspw. in der Adventszeit in aller Ruhe und Gemütlichkeit Weihnachtsmärkte, schlendern Sie gemütlich über den Markt und kaufen kleine Geschenke. Laden Sie weiter Freunde zu sich nach Hause ein, und verbringen mit diesen einen heiteren Tag. Und das Weihnachtsfest selbst sollte auch lieber leger und entspannt statt überzogen und angespannt sein. Weniger ist oft mehr, das gilt auch für Weihnachten. Das Zusammensein mit den Liebsten, in entspannter Runde - dies sollte viel wichtiger sein als die perfekte Frisur oder noch ein Geschenk mehr. Warum an Weihnachten auch nicht einfach in ein Restaurant gehen anstatt selber den Kochlöffel schwingen und Berge von Speisen für die Verwandtschaft auftischen? Lernen Sie loszulassen, lösen Sie sich von der Last der Verpflichtungen und des Perfektionismus. In der Ruhe liegt bekanntlich die Kraft. Haben Sie dies verinnerlicht, werden Sie an Gelassenheit gewinnen - genau die sprichwörtliche Gelassenheit des Esels, der Maria nach Bethlehem führte.

Sorgen Sie für ein harmonisches Fest

Schrauben Sie vor allem die Erwartungen ans Weihnachtsfest, an Ihre Mitmenschen und sich selbst herunter - denn genau mit dieser Einstellung wird das Fest gleich entspannter und stressfreier. Wenn der Erwartungsdruck, der auf allen lastet, von uns genommen wird, verlaufen die Festtage viel angenehmer und harmonischer. Versuchen Sie, schwierige Situationen zu entzerren: Themen wie Politik, Schulden, Scheidungen, schlechte Noten in der Schule und nicht bestandene Prüfungen an der Uni haben unter dem Weihnachtsbaum nichts zu suchen - und auch die gründliche Erörterung von gesundheitlichen Problemen und allerlei Zipperlein wie die schmerzende Hüfte sollte auf einen späteren Termin vertagt werden. Solche Gespräche können auch im kleinen Kreise stattfinden und benötigen nicht das Auditorium der ganzen Verwandtschaft. Auch die schlechten Schulnoten des Enkelkindes sind nicht für alle Ohren gedacht. Statt Grundsatzdiskussionen sollten heitere Gespräche geführt werden, hier ein bisschen Small Talk, dort ein paar kleine Plaudereien. Erzählen Sie bspw. von Ihrer letzten Reise oder kleine Geschichten von Ihrem Hund - solche Gespräche sind harmlos und liefern keinen Anlass für Streitereien. Schließlich will man am Weihnachtsabend keine hitzigen Diskussionen führen.

Werden doch heikle Themen zur Sprache gebracht, sollte man wenigstens am Weihnachtsfest Toleranz üben und unterschiedliche Meinungen gelten lassen.

Die ganze Atmosphäre kann auch durch unterschiedliche Spiele aufgelockert werden. Mensch-Ärgere-Dich-Nicht kennt bspw. jedes Kind, dann gibt es typische Familienspiele wie Monopoly, Activity und die Siedler von Catan. Auch Kartenspiele haben ihre Fangemeinde und sorgen für heiteren Zeitvertreib. Chronische Schummler sollten allerdings höflich, aber bestimmt, vom Spiel ausgeschlossen werden. Akzeptieren Sie auch, dass am Weihnachtsabend nicht jeder sein Ding durchziehen kann, sondern dass notwendigerweise Kompromisse getroffen werden müssen. Jeder hat andere Ansichten und Ansprüche, allein, was Essen und Kleidung betrifft. Seien Sie tolerant! Hat jeder andere Erwartungen und Wünsche und ist nicht bereit, nachzugeben, kommt es nur zu Frustration und Enttäuschungen.

Vermeiden Sie es auch, übermäßig Alkohol zu trinken, denn Alkohol fördert zusätzlich die Streitbereitschaft und macht aggressiv und angriffslustig. Vertragen sich manche Angehörige überhaupt nicht, und sind Streitereien bereits vorprogrammiert, dann handeln Sie diplomatisch. Treffen Sie die Streithähne an verschiedenen Tagen und vermeiden Sie eine Zusammenkunft der Zankteufel. Schließlich soll es ein Fest des Friedens und der Harmonie werden - dann haben wir den Sinn von Weihnachten erkannt und ihn mit Leben gefüllt.

Planen Sie das Weihnachtsfest

Planen Sie bereits im Vorfeld mit Ihren Verwandten, in welcher Form die Feiertage ablaufen sollen. Eine akribische und detaillierte Organisation des Festes mag Ihnen vielleicht auf den ersten Blick kleinlich erscheinen, dies ist aber unerlässlich, um Streit und Enttäuschung zu vermeiden. Bespricht man alle wichtigen Dinge erst am Weihnachtstag, kommt es nur zu Chaos und Reibereien. Sprechen Sie mit Ihren Verwandten ab, wer zum Fest eingeladen wird, welcher Kleidungsstil angesagt ist, was gegessen wird, ob gesungen wird und in welcher Preislage die Geschenke liegen sollen. So vermeiden Sie, dass Streithähne plötzlich ungewollt aufeinander treffen oder Galakleidung auf Jogginganzug stößt. Oder dass Vegetarier sich ausgegrenzt fühlen und beim Anblick der Gans plötzlich das Fest verlassen wollen. Ferner, dass die einen teure Geschenke kaufen und andere wiederum mit Plastikblumen, einem Kalender aus der Apotheke, dem als Mängelexemplar gekennzeichneten Buch oder gar mit einem bellenden Hund aufwarten, den man neulich noch bei den lieben Verwandten auf dem Schreibtisch gesehen hat. Auch Shampoos oder Duschgele vom Discounter, Tassen aus dem 1 Euro-Laden oder Pralinen, in denen schon die Maden hausen, sind ein Absolutes No-Go. Weiter muss geklärt werden, in welcher Reihenfolge der Abend ablaufen soll. Wird erst gegessen, dann die Geschenke ausgepackt oder aber umgekehrt?

Ratsam ist, erst das *„Pflichtprogramm"*, wie Beten, Singen und Lesen der Weihnachtsgeschichte abzuhalten und danach die *„Kür"* wie Essen und Geschenkeauspacken. Läuft das Programm in umgekehrter Reihenfolge ab, will am Ende oft niemand mehr beten oder singen. Auch, was die Auswahl der Weihnachtmusik betrifft, sollte man sich im Vorfeld einigen. Sie haben bereits an zehn Weihnachtsfesten Mahalia Jackson kreischen hören und können die Lieder nicht mehr ertragen, aber Ihre Mutter will die uralte Platte partout wieder auflegen? Oder der Schwiegervater schwört auch an Weihnachten auf Heino, die Wildecker Herzbuben oder die Kastelruther Spatzen? Wenn Sie an Weihnachten aber keinen Gehörsturz erleiden möchten, so sorgen Sie zeitig für eigene Musik, die für alle Generationen geeignet ist. Ich habe bspw. letztes Jahr eine DVD mit gregorianischen Weihnachtsliedern gekauft - die DVD kam allseits gut an - so gut sogar, dass meine Mutter sie bei der Abreise gleich mit in ihr Gepäck packte. Auch bei der Wahl der Weihnachtslieder sollte man beliebten Weihnachtsliedern, die alle Gäste kennen, den Vorzug geben, etwa *„Stille Nacht"*, *„Ihr Kinderlein kommet"* oder *„Oh Tannenbaum"*. *„O Jesulein zart"* oder *„Maria durch ein Dornwald ging"* sind dagegen Lieder, die nicht nach jedermanns Geschmack sind.

Will die Schwiegermutter dagegen selbst Weihnachtslieder mit tränenfeuchter und weinseliger Stimme zum Besten geben - obwohl sie die Töne nun überhaupt nicht trifft - dann tragen Sie es mit Humor und lassen Sie diese gewähren.

Die Zusammenstellung des Weihnachtsmenüs ist ein weiterer häufiger Streitpunkt. Idealerweise lösen Sie das Problem, indem Sie ins Restaurant gehen - dort kann jeder essen, was er will. Wollen Sie das Festmenü dagegen lieber zuhause verspeisen, dann sollte auch dies im Vorfeld besprochen werden. Nach Möglichkeit sollte jeder Gast einen Salat, Kuchen oder eine Nachspeise mitbringen, damit nicht die gesamte Arbeit auf den Schultern der Gastgeberin lastet. Gehören Veganer/Vegetarier zu den Gästen oder auch Personen, die aus gesundheitlichen Gründen nicht alles essen dürfen, wie Diabetiker oder Personen mit bestimmten Nahrungsmittelunverträglichkeiten, so müssen natürlich auch für diesen Personenkreis geeignete Speisen bereitgestellt werden. Denn ein Satz von der Gastgeberin wie *„Das habe ich jetzt aber vergessen, dass Du Vegetarierin bist"* zeugt nicht gerade von deren Aufmerksamkeit. Auch kann im Vorfeld bereits eine Liste angelegt werden, was jeder der Gäste an Aktivitäten unternehmen will und was nicht. So schreibt jede Person auf, was ihr am Fest besonders gut gefällt, etwa ein gemeinsamer Spaziergang, einen Weihnachtsfilm schauen oder Geschenke auspacken und was ihm nicht gefällt, bspw. Besuch des Gottesdienstes oder gemeinsames Singen. Durch die Auswertung der Wunschzettel kann so ein gemeinsamer Nenner geschaffen werden. Stimmt die Mehrheit bspw. für einen Besuch der Weihnachtsmette, so freut man sich auf den Kirchenbesuch - ist die Mehrheit dagegen gegen Singen, so sollten sich auch die Amateursänger daran halten.

Mit Traditionen brechen - oder Traditionen bewahren?

Gerade beim Ablauf des Weihnachtsfestes stehen gewöhnlich althergebrachte Muster und Traditionen im Mittelpunkt. Weihnachten muss so sein, wie es immer war - wird einmal nicht gefeiert wie bisher, haben etliche Leute sogar ein schlechtes Gewissen und sehen dies als einen allzu forschen Verrat an den alten Traditionen an. Aber da sich die Familienstrukturen in den letzten Jahrzehnten grundlegend geändert haben, liegt es auch nahe, dass sich der Ablauf des Weihnachtsfestes ebenso ändern und erneuern muss - und dies geschieht durch den Ausbruch aus alten, ja sogar teilweise verstaubten Traditionen. Wie heißt es auch so schön: Leben ist Veränderung und nichts ist so konstant wie der Wechsel. Diese Wahrheiten haben durchaus auch an Weihnachten ihre Gültigkeit. Wir haben gelesen, dass die Menschen nicht mehr gewohnt sind, die geballte Ladung an Verwandtschaft den ganzen Tag zu ertragen - also feiert man in Etappen und die Feier muss sich auch nicht über den gesamten Tag erstrecken, sondern es sollte ausreichend Verschnaufpausen für jeden einzelnen geben. Auch was das Essen anbetrifft, sind die Zeiten komplizierter geworden. Veganer treffen auf Fleischesser, Allergiker auf Kutschermägen. Die einen wollen Diät halten und nur wie ein Spatz essen, andere wollen es sich an Weihnachten so richtig gut gehen lassen.

Wie kann die Gastgeberin das alles unter einen Hut bringen und allen gerecht werden? Vermutlich gar nicht, deshalb sollte man nicht mehr unbedingt auf die traditionelle Weihnachtsgans mit Klößen am heimischen Ofen setzen, sondern gleich ein Restaurant buchen. So umgeht man Streitereien und jeder kann essen, was ihm schmeckt und was er verträgt oder für ethisch unbedenklich hält. Auch die vornehme Galakleidung sollte an Weihnachten kein Muss sein. Man sollte sich an den Festtagen keinem strengem Diktat unterwerfen und wie eben aus dem Katalog entsprungen aussehen müssen, sondern es darf durchaus auch mal die legere Variante sein.

So nimmt auch die vornehme Kleidung beim Spaziergang im Regen keinen Schaden. Auch muss man nicht besorgt sein, dass die gute Kleidung der Weihnachtsvöllerei nicht standhält und im unpassendsten Moment platzt. Bequeme und zweckdienliche Kleidung ist hier also angesagt - es muss freilich nicht die jahrzehntealte Jogginghose aus den Tiefen des Kleiderschranks gekramt werden, also ist auch an dieser Stelle Maß und Ziel gefragt. Warum auch nicht mal vollends mit alten Traditionen brechen und Weihnachten auswärts feiern?

Wie wäre es etwa, wenn die ganze Mannschaft in einem kleinen Hotel in einem beschaulichen Bergdorf Weihnachten feiert? Könnte ich Sie dafür erwärmen?

Diese Variante hat den Vorteil, dass es bei einer solchen Feier genügend Freiräume für alle gibt - gehen einem die anderen Familienmitglieder mal wieder so richtig auf die Senkel, kann man sich jederzeit in sein Zimmer zurückziehen.

Solche innovativen Gestaltungsmöglichkeiten des Festes bringen allen Beteiligten viel Spaß, so dass Weihnachten wieder Freude bereitet und nicht nur mehr lästiges Pflichtprogramm ist. Bei allem Willen zur Veränderung sollte man jedoch auch bedenken, dass manche Menschen gerade die Traditionen des Weihnachtsfestes schätzen und diese auch brauchen, um sich wohlzufühlen. Was die einen nervt - Routine, Rituale - bedeutet für die anderen Beständigkeit, die Halt und Sicherheit verleiht. Denn Beständigkeit bringt auch Kontinuität und Struktur in unser tägliches Chaos, in die Hektik einer immer schneller werdenden Zeit. Rituale und Traditionen wecken mitunter schöne Erinnerungen, an die unbeschwerte Kindheit, an eine heile Welt, wo die Sorgen des Erwachsenendaseins noch in aller Ferne lagen. Wie ein Kind, das immer wieder die gleiche Geschichte hören will, möchten die traditionellen Menschen das Weihnachtsfest von ehemals festhalten und verinnerlichen. Für solche Personen, die die gute alte Zeit wiedererwecken möchten, gehören zu Weihnachten auch noch die Märchenfilme von damals, die jahrzehntealten roten und goldenen Kugeln, Lametta - und eben auch jener schrullige Rauschgoldengel, den man selbst am liebsten für alle Zeit auf den Dachboden verbannen möchte.

Dankbar sein

Weihnachten sollte immer auch ein Fest der Dankbarkeit sein. Dankbar sein kann man für so vieles im Leben: für die Familie (auch wenn sie manchmal nervt), für den Partner, für die Freunde, für alles Positive in unserem Leben, schließlich auch für jeden neuen Tag. Danken kann man auch dafür, dass man gesund ist, dass es einem gut geht, dass man ein Dach über dem Kopf hat und ein warmes Bettchen - Dinge, die für Menschen in Europa selbstverständlich sind, sind es in vielen Teilen der Welt leider noch lange nicht. Auch dafür können wir Dank aussprechen, dass wir in Europa in einer Zeit des Friedens leben, während so viele Menschen in anderen Ländern durch Kriegsgeschehen traumatisiert sind.

Dankbarkeit gibt Kraft und lässt Gefühlen wie Unzufriedenheit und Miesepetrigkeit keinen Raum. Dankbarkeit ist überdies ein ganz wichtiger Schlüssel zum Glück - würden mehr Menschen dies beherzigen, wären sie viel frohgemuter und zufriedener. Und auch in diesem Zusammenhang passt die Geschichte vom ersten Weihnachten. Wie dankbar und zufrieden waren Maria und Josef, selbst in einem Stall Unterschlupf gefunden zu haben, um dort die Geburt des Jesuskindes zu erwarten.

Abgewiesen an den Türen, als sie um Einlass baten, stehen Krippe und Stall als Symbole für Demut, Bescheidenheit und auch Dankbarkeit. Vielleicht können wir genau aus diesem Grund und in diesem Bewusstsein die Weihnachtsgeschichte im Kreis der Familie vorlesen - oder auch jeder der Gäste trägt vor, wofür er dankbar ist. Oder wir danken für jeden Einzelnen in der Familie, dass es ihn gibt. In einer Zeit, in der das Wort *„Danke"* sehr selten geworden ist und vielen Menschen nur schwer über die Lippen kommt, da vieles als selbstverständlich betrachtet wird, ist die Bereitschaft, Dank auszusprechen, umso wichtiger.

Vergegenwärtigt man, dass jeder Tag positive Dinge bereithält und ist man dankbar für alles Gute, hält auch das Glück (wieder) Einzug in unser Leben. Übrigens - so lehrt es die Psychologie - ist Dankbarkeit eine der stärksten Komponenten von psychischer Gesundheit. Und in diesem Sinne sagte auch schon Seneca: *„Ich bin dankbar, nicht weil es vorteilhaft ist, sondern weil es Freude macht."*

Positiven Gedanken Raum geben

Vergegenwärtigen Sie sich nur einmal, von wie vielen negativen Gedanken wir tagtäglich beherrscht werden. Selbst und gerade an Weihnachten greifen Unzufriedenheit, Ärger über unpassende Geschenke und Streitereien um sich. Und auch Hass, Neid und Eifersucht fressen viele Menschen buchstäblich auf. Es ist beeindruckend, wie Menschen sich gegenseitig unnötig das Leben schwer machen.

Wir bewerten und verurteilen unsere Mitmenschen und setzen uns auch selbst unter Druck. Verdrängen Sie negative Gedanken ganz bewusst und geben Sie diesen keinen Raum. Hören Sie ganz aufmerksam auf die innere Stimme, die an allem herummäkelt und an vielem etwas auszusetzen hat. Verscheuchen Sie diese dunklen Gedanken und Gefühle aus Ihrem Leben. Drücken Sie ganz bewusst die Stopp-Taste. Lassen Sie positive Gefühle überwiegen: Mut, Freude, Heiterkeit.

Lernen Sie, diese Gefühle zu leben und zu erleben. Denn wir sind auch das Produkt unserer Gedanken und schaffen mit diesen unsere eigene Wirklichkeit. Denken Sie nur an das Beispiel vom Glas Wein: Für den einen ist es halb voll, für den anderen halb leer - die Situation ist dieselbe, nur die Sichtweise verschieden. Denn eine Situation ist meist nicht per se gut oder schlecht, sondern wird es erst durch unsere Interpretation und Wertung. Werden Sie sich daher Ihrer gesamten Gefühlspalette bewusst und überdenken Sie diese neu. Lösen Sie sich von eingefleischten Denkmustern und schaffen Sie neue, positive Gedanken. Gerade Weihnachten kann Anlass und Gelegenheit sein, Raum für frische und erfreuliche Gefühle zu schaffen.

Im Hier und Jetzt leben

Gerade wir Europäer neigen dazu, mit unseren Gedanken ständig in die Zukunft oder in die Vergangenheit abzuschweifen - und bewegen uns dabei viel zu selten im Hier und Jetzt. Entweder grämen wir uns über alte Fehler und trauern verpassten Chancen nach oder aber wir blicken sorgenvoll und voller Fragen in eine ungewisse Zukunft. Wenn wir uns aber tatsächlich nur auf den Augenblick konzentrieren würden - um wie viel glücklicher und zufriedener könnten wir sein, ohne Groll wegen vergangener Fehler und ohne Sorgen wegen der Zukunft. Gibt es etwas, was Sie in just diesem Moment ärgert oder ängstigt? Wenn Sie ehrlich sind, müssten Sie diese Frage meist verneinen. Und wie glücklich könnten Sie mit **Goethes Faust** zum Augenblicke sagen: *„Verweile doch! Du bist so schön."* Denn das Glück liegt oft einzig und allein im Augenblick. Lernen Sie den Augenblick mit all seiner Gewalt und Macht zu ergreifen - in all seinem Glück und auch in all seinem Schmerz. Denn sowohl das Glück als auch der Schmerz eines Augenblicks, beides sind unwiederbringliche Momente. Gerade an Weihnachten ist es wichtig, mit allen Sinnen im Hier und Jetzt zu leben. Anstatt ständig zu überlegen *„Was muss ich noch alles tun"*, sollten Sie schon in der Vorweihnachtszeit öfters die ganz spezielle Stimmung der Adventszeit einfangen und genießen. Betrachten Sie den Weihnachtsschmuck in den Städten, nehmen Sie alles ganz bewusst wahr, die strahlenden Gesichter der Kinder, die Weihnachtsmusik, den Glanz der Lichter.

Achtsam sein

In der Weihnachtszeit ist es oft schwierig, inmitten des ganzen Stresses und der Hektik achtsam zu sein. Deshalb empfiehlt es sich, durch spezielle Achtsamkeits- und Entspannungsübungen in einen Zustand der Ruhe und Ausgeglichenheit zu gelangen (siehe auch Kapitel „**Sorgen Sie für Entspannung**"). Achtsam sein, bedeutet, alle Vorgänge um uns herum mit ungeteilter, entspannter Aufmerksamkeit zu beobachten und alle Einzelheiten unserer Umgebung in uns aufzunehmen. Wir verlieren uns nicht in Gedanken, sondern sind konzentriert und sind uns dessen gewahr, was Bewusstsein ist. Achtsamkeit kann man üben, indem man sich ganz auf den Augenblick fokussiert und sich ganz auf sich selbst besinnt, während man sich auf ganz einfache Dinge konzentriert - etwa auf das Atmen. Lernt man, achtsam zu sein, verändert sich das Denken wohltuend. Negative Gedanken verlieren an Macht, und zum Vorschein kommen immer mehr die kleinen Freuden des Lebens und das Glück des Augenblicks. Durch bewusste Achtsamkeit werden negative Gefühle wie Stress und Ärger in positive Gefühle wie Frieden und Glück transformiert. Nehmen Sie wahr, wie Sie sich fühlen und widmen Sie allem Ihre ganze Aufmerksamkeit. Die Intensität des erlebten Augenblicks wird Ihr Leben reicher und zufriedener machen - von Tag zu Tag. In diesem Sinne sollte Achtsamkeit nicht nur ein Begriff sein, den man oft hört, sondern Achtsamkeit sollte gelebt und mit Leben gefüllt werden.

Verzeihen lernen

Weihnachten, auch das Fest des Friedens, ruft gerade danach, sich mit seinen Mitmenschen zu versöhnen. Wir sollten bereit sein, über unseren Schatten zu springen, alte Kriegsbeile zu begraben und unseren Nächsten die Hand zur Versöhnung zu reichen. Lernen Sie, zu verzeihen und lassen Sie nicht Gefühle wie Rache und Hass die Oberhand gewinnen. Wer verzeiht, wird frei sein im Herzen, und muss nicht Altem und Abgelegtem nachhängen. Wer dagegen hasst, nicht verzeihen kann und alten Anfeindungen nachhängt, grämt sich unnötig und kann seelische Probleme wie Depressionen entwickeln - Rache rächt sich immer, heißt es deshalb auch nicht zu Unrecht. Wie viel Weisheit steckt auch in unserem täglichen Gebet, im Vaterunser, wo es so trostreich heißt: *„Und vergib uns unsere Schuld, wie auch wir vergeben unseren Schuldigern."*

Man muss nicht alles im Rudel machen

Lösen Sie sich von dem Gedanken, alles an Weihnachten gemeinsam *„im Rudel"* unternehmen zu müssen. Die pubertierende Tochter hat keinen Bock auf Kirche - für den Rest der Familie ist der Besuch des Weihnachtsgottesdienstes aber ein Muss? Macht nichts, dann bleibt die Tochter eben daheim. Nach dem Essen wollen die einen spazieren gehen - die anderen unterhalten sich aber gerade angeregt. Kein Problem, teilen Sie sich in Gruppen auf. So umgeht man Streit und jeder kommt auf seine Kosten. Es muss auch nicht die gesamte Familie zusammen Weihnachten feiern. Unverbesserliche Streithähne sorgen für Disharmonie und lassen das Fest zu einem Grauen werden. Laden Sie also niemals zerstrittene Parteien zusammen ein, sondern bitten Sie diese, an verschiedenen Tagen Ihre Gäste zu sein. Es ist auch nicht notwendig, die gesamte Verwandtschaft an den Weihnachtsfeiertagen zu treffen.

Die Tante etwa kann schon in der Adventszeit besucht werden - andere Besuche können Sie bspw. auf Neujahr oder Dreikönige verlegen, wenn die Tage wieder etwas ruhiger und entspannter geworden sind. Indem Sie geschickt die einzelnen Termine aufteilen, entsteht keine Hektik und Sie haben zudem mehr Zeit für die einzelnen Verwandten. Ganz wichtig für ein ausgeglichenes und glückliches Weihnachtsfest ist die Pflege des Kontakts zur Familie. Denn wer bringt uns näher zu den Wurzeln von uns selbst und zu unseren eigenen Ursprüngen als unsere Familie? Deshalb darf ich Ihnen folgenden Tipp nahelegen: Nehmen Sie sich Zeit für Ihre Familie. Hegen und pflegen Sie gerade an Weihnachten ein gutes Verhältnis zu Eltern, Geschwistern, Tanten, Onkeln, Neffen und Nichten. Noch immer oder gerade in unserer heutigen Zeit der Beliebigkeiten gilt der weise Spruch *„Blut ist dicker als Wasser"*.

Bleiben Sie an Weihnachten gesund!

Erkältungskrankheiten

Gerade an den Weihnachtsfeiertagen werden viele Menschen von lästigen Erkältungen und grippalen Infekten heimgesucht. Wenn der Mensch in der Zeit vor Weihnachten und natürlich auch an den Feiertagen permanent unter Strom steht und nicht zur Ruhe kommen kann, wird das Immunsystem geschwächt und der Körper damit anfällig für Erkältungen. Das nass-kalte Wetter am Ende des Jahres, das einen idealen Nährboden für alle Arten von Keimen bietet, tut sein übriges. Auch entbehren wir schon Wochen vor Weihnachten Wärme und Licht, was unserem Immunsystem gar nicht zuträglich ist. Zudem wird das lebenswichtige Vitamin D aus den entsprechenden Vorstufen nur unter dem Einfluss von Licht gebildet, bei nicht genügend Sonnenlicht entsteht ein andauernder Vitamin-D-Mangel, was wiederum zu einer erhöhten Anfälligkeit für grippale Infekte und Erkältungen führen kann. Gerade in der Weihnachtszeit trifft man allerorten auch auf Ansammlungen von erkälteten und schniefenden Mitmenschen - sei es in überfüllten Kaufhäusern, auf Weihnachtsmärkten, auf den Straßen, sei es in Zügen, auf Weihnachtsfeiern, in Geschäften oder auch in Konzerten.

Überall hustet und schnupft es und ganze Schwärme von Bakterien werden durch die Luft geschleudert - es gibt kein Entrinnen. Ist eine Erkältung also eine unausweichliche Erscheinung in der Weihnachtszeit? Keineswegs! Sie müssen Ihrem Immunsystem nur das geeignete Rüstzeug an die Hand geben, um Viren und Bakterien Paroli bieten zu können. Hierzu gibt es eine ganze Reihe einfacher und wirksamer Maßnahmen. Zunächst sollten Sie auch gerade in der Weihnachtszeit für ausreichende Phasen der Entspannung sorgen, um Krankheitserregern keine Angriffsfläche zu bieten. Denn ein entspannter und ausgeglichener Körper ist bei weitem nicht so anfällig wie ein gestresster und angespannter Körper. Die besten Methoden zur Entspannung sind im Kapitel „Sorgen Sie für Entspannung" genannt. Machen Sie weiter jeden Tag einen mindestens halbstündigen Spaziergang. Durch die Bewegung und die frische Luft bringen Sie Ihr Immunsystem auf Trab - zudem tun Sie auch noch etwas Gutes für Ihre Figur und Ihre Gelenke. Und Spaziergänge bei Wind und Wetter härten den Körper ab und liefern ein sicheres Bollwerk gegen unliebsame Erkältungen. Auch Wechselbäder und -duschen haben eine außerordentlich große Wirkung auf die Gesundheit, auch im Hinblick auf unser Immunsystem. Wechselbäder stärken den Kreislauf, entgiften den Körper und beleben den gesamten Organismus.

Beginnen Sie die Wechselduschen für ein paar Minuten mit sehr heißem Wasser, wechseln dann für eine Minute zu sehr kaltem Wasser und wiederholen Sie diesen Vorgang einige Male - bevor Sie die Prozedur schließlich mit kaltem Wasser beenden. Durch die Wechselbäder wird der Körper wieder mit frischem Blut und mit Sauerstoff versorgt, Ansammlungen von Giftstoffen und Krankheitserregern werden aus zuvor schlecht durchbluteten Regionen entfernt. Weitere wirksame Wasseranwendungen sind auch, gerade bei beginnenden Erkältungen und bei leicht fröstelnden Menschen, Fußbäder mit ansteigender Temperatur. Auch durch Wassertreten, bei dem abwechselnd durch kaltes und warmes Wasser geschritten wird, wird das Immunsystem gestärkt.

Saunabesuche sollten Sie ebenfalls zu einer schönen Regelmäßigkeit werden lassen. Saunabäder stellen gerade im Winter nicht nur eine Wohltat für die Seele dar, sondern vor allem auch für das durch Stress und Kälte geplagte Immunsystem. Abwechselnde Reize von Kalt und Warm beleben und entgiften den Körper, und genau dieser Wechsel von starken Reizen macht uns zäh und widerstandsfähig, wodurch allen Erkältungserregern der Boden entzogen wird.

Ausreichender Schlaf ist ein ganz sicheres Bollwerk gegen aufziehende Erkältungswellen.

Sorgen Sie daher immer - auch wenn Sie vor Arbeit nicht mehr ein noch aus wissen - für genügend Schlaf, Ihr Immunsystem wird es Ihnen danken und alle Arten von Krankheitserregern abwehren.

Wenn ringsum Schwaden von Bakterien und Viren unseren Körper erobern wollen, dann ist es unerlässlich, dass Sie regelmäßig Ihre Hände waschen und desinfizieren. Denn die unsichtbaren Krankheitserreger lauern überall dort, wo viele Menschen sind und wo die Keime sich gut vermehren können: an Griffen von Türen, an Druckknöpfen von Aufzügen, an Laufbändern für Gepäck, an Treppengeländern, an Griffen von Einkaufswagen, an Toiletten- und Restauranttüren, an Fernbedienungen oder Telefonhörern - kurzum an Gegenständen, welche viele Menschen berühren. In solchen Situationen ist es also immer ratsam, ein kleines Desinfektionsmittel in der Handtasche parat zu haben, um schnell die Hände desinfizieren zu können. Desinfektionsmittel in Gelform haben den Vorteil, dass sie die Hände nicht austrocknen. In der Erkältungszeit sollten Sie die Hände auch häufiger mit Wasser und Seife waschen.

Dann hält Mutter Natur auch noch einige pflanzliche Mittel für Sie bereit, um Erkältungen in Schach zu halten. Ein ganz famoses Stärkungsmittel für das Immunsystem ist etwa Sanddornsaft, der den Abwehrkräften den Extrakick versetzt.

Sanddornsaft enthält neben anderen wichtigen Inhaltsstoffen für unsere Gesundheit insbesondere einen sehr hohen Vitamin-C-Gehalt, mit dem nicht mal die Zitrone mithalten kann. Zur Erkältungsprophylaxe kann man zwei Esslöffel Sanddornsaft pur trinken, als Zugabe zu Orangen- oder Apfelsaft oder auch zu heißem Wasser. Auch heißer Ingwertee ist eine Wohltat in der nass-kalten Zeit - und ein Helfer für ein starkes Immunsystem. Die im Ingwer enthaltenen Scharfstoffe wirken bakterizid, zudem wärmen diese den Körper von innen her auf und regen die Durchblutung an. Dadurch wird Bakterien und Viren, die sich an Schleimhäuten festhaften, auf natürliche Weise der Garaus gemacht. Auch Hagebutten- und Hibiskustee passen gut in die nass-kalte Jahreszeit und wirken als willkommene Schutzschilder gegen Erkältungen. Allgemein sollten Sie sich in der Adventszeit mit einer leichten vitaminreichen Kost, bestehend aus viel Obst und Gemüse (auch in Form von Rohkost), verdünnten Säften und Smoothies anfreunden. Wer sich gesund ernährt, hat schon die halbe Miete im Kampf gegen die allgegenwärtigen Krankheitserreger gewonnen.

Magen-Darm-Erkrankungen

Nicht nur Völlerei und fettige, deftige und ungesunde Speisen schlagen in der Adventszeit und an Weihnachten auf den Magen, sondern auch Ärger und Stress. So ist es nicht verwunderlich, dass gerade in dieser Zeit viele Menschen an Krankheiten wie Magenkrämpfen, Sodbrennen, Völlegefühl oder auch an Blähungen, Durchfall und Verstopfung leiden und diese Erkrankungen geradezu zum alljährlichen Weihnachts-Repertoire gehören.

Magenerkrankungen

Traditionelle Weihnachtsessen sind üppig und schwer: Gänsebraten, Klöße, Soßen und Süßigkeiten stellen eine große Herausforderung für den Magen dar. Auch in der Adventszeit geht es meist nicht minder fett und süß zu: Plätzchen, Christstollen, auf Weihnachtsmärkten dann gebrannte Mandeln, Crêpes und Glühwein. Bei der Verdauung solcher Speisen dreht sich der Magen ganz buchstäblich um. Was also tun? Muss man zum Asketen mutieren und den Leckereien in der Weihnachtszeit vollständig entsagen? Nun, das muss man in der Tat nicht. Wer sich aber einen gesunden Magen erhalten will, sollte einige Punkte beachten: Alle Speisen sollten stets langsam und mit Genuss gegessen werden, es darf durchaus alles gegessen werden, aber nur in kleinen Mengen, um den Magen nicht zu überfordern. Gerade an den Feiertagen, wenn üppig gegessen wird, auch noch Desserts und Kuchen als Nachspeisen gereicht werden, sollte das Abendessen ausfallen oder nur aus einer Kleinigkeit bestehen. Versuchen Sie, insbesondere bei fetten und süßen Speisen, Zurückhaltung zu üben. Unternehmen Sie zwischendurch kleinere Spaziergänge, um die Verdauung auf Trab zu halten. Und ganz wichtig auch an dieser Stelle: Bleiben Sie entspannt, das wird auch Ihren Magen erfreuen.

Sodbrennen

Wer Sodbrennen an den Feiertagen vermeiden will, sollte auf scharf gewürzte, gesalzene und stark gebratene Speisen verzichten, außerdem auf fettreiche Lebensmittel, Bohnenkaffee, zu viel Alkohol und kohlensäurehaltige Getränke. Geben Sie dagegen lieber leichten Gerichten mit viel Gemüse, Salat und Fisch den Vorzug. Trinken Sie viel, insbesondere stilles Wasser und Kräutertees. Auf Weihnachtsmärkten können Sie Bratäpfel, heiße Maronen, Champignons, Maiskolben und Kräutertee genießen - um Bratwurst, Pommes, Schupfnudeln, gebrannte Mandeln, Zuckerwatte und Glühwein machen Sie dagegen besser einen großen Bogen. Wer zu Sodbrennen neigt, sollte ferner auf große Nahrungsmengen verzichten und lieber mehrere kleine Portionen essen. Außerdem sollte die Nahrung langsam und gut gekaut werden - gut gekaut, ist bekanntlich halb verdaut. Denn ein großer Teil der Magenprobleme ist hausgemacht: aus Gier oder weil man der Verwandtschaft den leckeren Nachtisch nicht gönnt oder man dieser mit dem Essen zuvorkommen will, schlingt man alles hastig und in allzu großer Eile runter. Damit erweist man aber sich, seiner Gesundheit und vor allem seinem Magen keinen guten Dienst. Also lieber langsam, bewusst und achtsam essen, und alles nur in kleinen Portionen.

Sie dürfen alles probieren, aber von allem nur wenig. Würzen Sie anstatt mit Salz mit frischen Kräutern wie Liebstöckel, Koriander oder Zitwerwurzel - diese Kräuter schmecken nicht nur gut, sondern beugen Magenbeschwerden vor. Tragen Sie lockere Kleidung, damit Ihr Magen nicht eingeengt wird und machen Sie regelmäßig Spaziergänge an der frischen Luft, um die Magenmuskulatur zu entspannen. Essen Sie ein paar Stunden vor dem Zubettgehen nichts mehr, sondern trinken lediglich ein großes Glas Buttermilch. Wenn möglich, sollten Sie mit leicht erhöhtem Oberkörper schlafen. Bei Beherzigung dieser Tipps wird Ihr Magen geschont und muss keine Extraschicht einlegen. Werden Sie trotz aller Vorsichtsmaßnahmen doch von Sodbrennen geplagt, sollten Sie sich einen Tee aus Pfefferminze und Kamille bereiten. Nehmen Sie zusätzlich Magentropfen mit Bestandteilen wie bitterer Schleifenblume, Kamille und Angelikawurzel ein. Legen Sie zudem eine Wärmeflasche oder ein Kirschkernkissen auf Ihren Bauch. Reichen diese einfachen Maßnahmen nicht aus, dann kaufen Sie sich ein einfaches säurebindendes Mittel (Antacidum) in der Apotheke. Es gibt auch stärkere Arzneimittel bei Sodbrennen, diese sind in der Regel bei gelegentlichen Irritationen des Magens jedoch nicht erforderlich.

Darmerkrankungen

Auch der Darm bleibt an den Weihnachtstagen häufig nicht von Erkrankungen verschont, oft kommt es zu Blähungen, Durchfall oder auch zu Verstopfung, bedingt durch falsche Nahrungsmittel, Allergien oder Stress.

Blähungen und Völlegefühl

Auch für Menschen, die an Weihnachten unter lästigen Blähungen und Völlegefühl leiden, gibt es jede Menge einfacher Heilmittel. Zunächst gilt auch hier, dass alles langsam und mit Genuss gegessen werden sollte - bei hastigem Essen wird Luft verschluckt, was teilweise die Ursache für Blähungen ist. Auch blähende Speisen wie Kohl und Hülsenfrüchte sollten an den Weihnachtsfeiertagen von Ihrem Speiseplan gestrichen werden. Würzen Sie Ihre Mahlzeiten mit Kardamom, Kümmel, Anis und Fenchel - diese Kräuter schlagen wahrhaft alle Blähungen in die Flucht. Auch Curcuma, das in Curry enthalten ist, ist ein wahrer Geheimtipp gegen Blähungen. Warum also an Weihnachten nicht mal einen wohlschmeckenden Curryreis in den Speiseplan mitaufnehmen? Auch bei Völlegefühl gilt es, langsam zu trinken, vor allem stilles Wasser und Kräutertee, bestehend aus Anis, Fenchel und Kümmel. Auch Tropfen mit Anis, Fenchel und Kümmel können eingenommen werden, ebenfalls Tropfen mit Ingwer, Zimt, Pomeranze und Kümmel.

Wer sich zusätzlich etwas Gutes tun will, lege sich eine Wärmeflasche oder ein Kirschkernkissen auf den Bauch, was schnelle Linderung der Beschwerden verspricht. Auch Spaziergänge an der frischen Luft bringen Magen und Darm in Schwung und verhindern Völlegefühl und unschöne Blähungen.

Durchfallerkrankungen

Pausenlose kulinarische Marathonläufe an den Feiertagen führen häufig zu Durchfallerkrankungen, so können insbesondere Obst, Rohkost, Vollkornprodukte, Limonaden, Milch, Apfelsäfte und Zuckeraustauschstoffe zu nahrungsmittebedingtem Durchfall führen. Auch üppige und fette Mahlzeiten, Durcheinanderessen von kalten und heißen Gerichten, verdorbene Lebensmittel und Nahrungsmittelunverträglichkeiten können zu dünnflüssigem Stuhl führen. Nicht zuletzt führen auch Stress und Anspannung zu Durchfall. Durchfallerkrankungen beugt man am besten vor, indem an den Weihnachtsfeiertagen bevorzugt gekochte Speisen isst und alle oben genannten Speisen und Getränke, die Durchfall auslösen können, möglichst vermeidet - insbesondere, da der Darm durch die üppigen Mahlzeiten an den Feiertagen ohnehin schon außergewöhnlichen Strapazen ausgesetzt ist.

Wer zu Durchfallerkrankungen neigt, kann vor dem Fest Hefekulturen in Tablettenform, die für eine gesunde Darmflora sorgen, einnehmen. Auch Apfelpektin kann zur Vorbeugung von Durchfall eingenommen werden. Kommt es trotz aller Vorsichtsmaßnahmen zu Durchfall, so helfen auf natürliche Weise medizinische Kohle (z. B. Birkenkohle), welche Durchfallerreger und Giftstoffe absorbiert oder auch natürliche Gerbstoffe (z. B. aus Galläpfeln). Einfache Maßnahmen gegen Durchfall sind geriebene rohe Äpfel oder Karotten, zerdrückte Bananen, Karottensuppe oder Reisschleim. Wichtig ist es, durch ausreichendes Trinken die durch den Durchfall verlorene Flüssigkeitsmenge wieder zu ersetzen. Ratsam sind hier an erster Stelle heißer Tee, z. B. Tee aus getrockneten Heidelbeeren, schwarzer Tee oder auch Kräutertee (Kamillen-, Fenchel-, oder Fenchel-Anis-Kümmel-Tee). Zusätzlich beruhigen auf den Bauch gelegte feucht-warme Umschläge von außen den Darm und beheben überdies schmerzhafte Krämpfe.

Verstopfung

Nicht nur Durchfall tritt an den Feiertagen vermehrt auf, auch Verstopfung setzt vielen Menschen zu und beeinträchtigt die Festtagsfreude. Dabei ist Verstopfung in vielen Fällen hausgemacht und lässt sich durch die Beherzigung einiger einfacher Tricks in der Regel umgehen. So kann Verstopfung in vielen Fällen lediglich durch ausreichendes Trinken vermieden werden, vorzugsweise sollte stilles Wasser oder auch ungesüßter Tee getrunken werden, am besten zwei Liter täglich. Weiterhin sollten zur Vermeidung von Verstopfung genügend Ballaststoffe aufgenommen werden, was durch den Verzehr von reichlich Gemüse und Obst sowie Vollkornprodukten gewährleistet wird. Auf einen übermäßigen Verzehr von stopfenden Lebensmitteln wie Schokolade oder Schwarztee sollte dagegen verzichtet werden. Um den Darm richtig in Schwung zu bringen, sollten Sie zwischen den Mahlzeiten kleinere oder auch ausgedehntere Spaziergänge unternehmen. Diese einfachen Tipps genügen in den meisten Fällen, um Verstopfung wirksam zu verhindern. Sollte trotz Berücksichtigung der genannten Maßnahmen Verstopfung an den Feiertagen auftreten, können Sie sich kurzfristig z. B. durch die Anwendung eines Klistiers Abhilfe verschaffen.

Leberbeschweren vorbeugen

Die Leber leidet bekanntlich leise und lange Zeit ohne Beschwerden zu verursachen. Nichtsdestotrotz stellen die Feiertage eine Last für sie da, wird doch das Organ durch fettreiche und zu üppige Mahlzeiten und häufig auch durch ein Übermaß an Alkohol auf eine harte Probe gestellt. Tun Sie Ihrer Leber aus diesem Grunde etwas Gutes, gönnen Sie auch ihr sozusagen ein kleines Weihnachtsgeschenk. Was der Leber mundet, sind Bitterstoffe, diese regen den Gallefluss und die Produktion von Galle an, was die Fettverdauung unterstützt. Reichlich Bitterstoffe sind etwa in Artischocken enthalten, das gesunde Gemüse eignet sich als Vorspeise oder als Zutat zu Salaten. Artischocken schmecken köstlich und unterstützen und entgiften die Leber auf natürliche Weise. Auch Löwenzahn enthält die gesunden Bitterstoffe, daher sollten Sie sich einen Löwenzahnsaft als Abschluss jeder Mahlzeit gönnen. Natürlich könnten die Ausführungen zu Erkältungen und Magen-Darm-Erkrankungen - oder auch zu anderen Erkrankungen, die an Weihnachten gehäuft auftreten - noch viel ausführlicher abgehandelt werden, aber dieses Kapitel soll nur als Exkurs innerhalb dieses Buchs angesehen werden.

Sorgen Sie für Entspannung

„Der Geist muss leer sein, um klar zu sehen."

(Jiddu Krishnamurti)

Permanenter Stress in der Advents- und Weihnachtszeit - Einkaufen, Geschenke besorgen, Weihnachtsfeiern besuchen, Streitereien mit der Verwandtschaft - führt dazu, dass wir gereizt sind, schlecht schlafen, nicht abschalten können, in schlechte Stimmung verfallen und letztendlich an Körper und Seele erkranken. Ausgerechnet im letzten Monat des Jahres wollen sich Besinnlichkeit und Ruhe nun überhaupt nicht einstellen, wir stehen permanent unter Strom und bewegen uns wie der Hamster im berüchtigten Rad. Wer in der Weihnachtszeit nicht in Panik und Hetze verfallen möchte, sollte sich in all dem Trubel ausgedehnte Phasen der Entspannung gönnen - denn wir haben nur eine Gesundheit, die wir uns unbedingt bewahren sollten! Es geht darum, durch gezielte Entspannung zur Ruhe zu kommen, völlig abzuschalten, sich nicht mehr ärgern oder grämen - Geist und Seele brauchen Ruhe und Stille, damit die Lebensenergie wieder fließen kann und neue Kräfte getankt werden. Während das ständige Herumschweifen des Geistes und das Gedankenkreisen uns Stress und Leiden bringt, sieht nur ein

„entleerter" und entspannter Geist wieder klar.

Massagen

Massagen gehören zu den ältesten Heilmitteln der Menschheit und haben ihren Ursprung wahrscheinlich im Osten Afrikas und in Asien. Bei den streichenden Bewegungen der Massage wird die gesamte Muskulatur entspannt und Schmerzen werden gelindert. Über eine Beeinflussung des gesamten vegetativen Nervensystems wird die Psyche beruhigt, Angst und Stress werden aufgelöst. Denn Massagen dienen nicht etwa nur der Behandlung von Rückenleiden oder Verspannungen im Nacken - sie können positiv auf den gesamten Organismus wirken und stellen eine Wohltat für Körper, Geist und Seele dar. Im Gegensatz zu westlichen Massagetechniken, die vor allem der Behandlung von Erkrankungen des Bewegungsapparates dienen, werden durch afrikanische, vor allem aber durch asiatische Massagen, Störungen des gesamten Organismus geheilt. Alle Krankheiten verstehen sich nach der asiatischen Philosophie als eine Blockade im Fluss der Lebensenergie. Durch Massagen soll durch Druck auf die entsprechenden Meridian- oder Akupunkturpunkte der Energiefluss angeregt und somit die Krankheitsursache behoben werden. Auf Grundlage dieses Meridian- und Akupunktursystems wird an den Akupunkturpunkten oder entlang der Meridiane behandelt, Verspannungen und Blockaden im ganzen Körper werden gelöst.

Je nach Art der Beschwerden werden an den Punkten Reize verschiedener Qualität gesetzt - das kann ein leichtes Drücken, Kneten, Kneifen, Zwicken oder Klopfen sein. Weiter werden durch Massagen alle Lebensgeister geweckt, der Körper wird entschlackt und gereinigt und in einen Zustand der tiefen Entspannung und Harmonie versetzt. Durch regelmäßige Massagen werden Körper, Geist und Seele in Balance gebracht. Wichtig ist, dass man sich beim Massieren ganz entspannt und fallenlässt und sich den wohltuenden Streichbewegungen des Masseurs hingibt. Wer nicht in ein Massagestudio gehen will, kann sich auch von seinem Partner massieren lassen, Sie wiederum können Ihrem Partner eine wohltuende Massage schenken. Wichtig bei jeder Massage ist, dass diese in einem ruhigen Raum ohne Ablenkung durchgeführt wird. Nachrichten im Hintergrund oder Straßenlärm beeinträchtigen den Erholungswert einer Massage. Weiter zu beachten ist, dass Sie während der Massage gut und bequem liegen. Ideal zum Massieren sind Basisöle mit Zusätzen von entspannend wirkenden natürlichen ätherischen Ölen wie Lavendel- oder Orangenöl. Auch Massagekerzen sorgen für ein sinnliches Massageerlebnis, idealerweise brennt zur Massage noch Kerzenlicht und es läuft entspannende Musik im Hintergrund.

Yoga

Yoga ist eine aus Indien stammende uralte philosophische Lehre, die eine Reihe geistiger und körperlicher Übungen (z. B. Asanas, Meditation, Askese) umfasst. Das Wort Yoga stammt aus dem **Sanskrit**, der alten Sprache Indiens, und bedeutet *„anschirren"* oder *„anspannen"* (von Zugtieren), was später zur Vereinigung und Integration eben der Zugtiere führen soll. Der ursprüngliche Begriff wurde von den Zugtieren auf den Menschen übertragen, im Sinne von Anspannen des Körpers an die Seele zur Sammlung und Konzentration. Yoga *„schirrt"* Körper, Atem und Geist an, so dass sie ein Gespann bilden - miteinander verbunden im übertragenen Sinn. Entsprechend ging man in der indischen Lehre davon aus, dass wir unsere Gesundheit nur bewahren, wenn wir eben diese Verbindung von Körper, Atem und Geist fördern - und genau auf diese Vereinigung zielen nahezu alle Yoga-Übungen ab. Welcher Weg zur Verwirklichung dieser Ziele eingeschlagen wird - darin unterscheiden sich die verschiedenen Richtungen des Yoga erheblich voneinander. Während Yoga in seiner ursprünglichen Form eine spirituelle Wegbeschreibung ist, deren höchstes Ziel die Erlangung der Erkenntnis des Seins ist, praktiziert man in Westeuropa und Nordamerika oft nur die körperlichen Übungen, die Asanas, losgelöst von religiösen Aspekten.

Andere Yoga-Formen hingegen heben mehr den meditativen Charakter hervor, oder aber Elemente wie die Askese.

Daneben sollten Atemtechniken stets fester Bestandteil der Yoga-Übungen sein. Beim Einatmen strömt die Energie in den Körper, beim Ausatmen werden Anspannungen gelöst. Zum bewussten Atmen kommen die Asanas (Körperhaltungen) hinzu, wobei es eine auffallend große Auswahl an Asanas gibt, hinzukommen noch Variationen dieser Asanas sowie Vorübungen.

Yoga ist ein ganzheitlicher Weg zu körperlicher und seelischer Gesundheit, so kann Yoga zu einer Linderung von verschiedensten Krankheitsbildern führen, insbesondere bei psychischen Beschwerden wie Angstzuständen und Depressionen, sowie bei Schlafstörungen, Kopfschmerzen und Rückenschmerzen. Zudem besitzt Yoga eine stark beruhigende und ausgleichende Wirkung und kann somit den Folgeerscheinungen von Stress entgegenwirken. Insbesondere dienen auch Atemübungen und Meditation dazu, zur inneren Einkehr zu gelangen.

Tai Chi

Tai Chi oder chinesisches Schattenboxen ist ursprünglich eine im Kaiserreich China entwickelte innere Kampfkunst. In jüngerer Zeit tritt der Kampfkunstaspekt zurück und Tai-Chi entwickelt sich immer mehr zum Volkssport, der auch der Persönlichkeitsentwicklung und Meditation dient. Durch die weichen und fließenden Bewegungen wird der Körper in den Zustand einer tiefen Entspannung versetzt, innere Ruhe und Gleichmut wird gefördert.

Qi Gong - Übung für mehr Lebensenergie

Qigong, in geläufiger deutscher Schreibweise auch Chigong, ist eine chinesische Meditations-, Konzentrations- und Bewegungsform zur Kultivierung von Körper und Geist. Zur Praxis gehören Atemübungen, Körper- und Bewegungsübungen, sowie Konzentrationsübungen. Qigong bedeutet wörtlich *„Energiearbeit"* und bezeichnet Übungen, die das *„Qi"*, also die Lebenskraft, kultivieren sollen. Hierbei heißt *„Qi" „Energie"* und das chinesische Schriftzeichen *„Gong"* bedeutet *„Arbeit"* oder je nach Zusammenhang auch *„Übung"* oder *„Aufgabe"*. Die jeweiligen Übungen dienen der Anreicherung und Harmonisierung des Qi, wobei Qi (ausgesprochen *„tchi"*) in der chinesischen Philosophie und Medizin sowohl für die bewegende als auch für die vitale Kraft des Körpers, aber auch der gesamten Welt steht. Die Praxis des Qigong soll die Lebensenergie stärken, das Leben verlängern und zu einer gesunden geistigen Verfassung verhelfen. Durch die einzelnen Übungen wird die Energie genährt oder aus der Umwelt aufgenommen - Der Energiefluss wird mit Qi Gong-Übungen gestärkt und somit auch das Wohlbefinden für Körper und Geist. Qi Gong umfasst ein Sammelsurium unterschiedlicher Übungen, von Dehn-Übungen bis hin zu Atem-Übungen, Laufübungen und vielem mehr.

Autogenes Training

Autogenes Training ist ein auf Autosuggestion (Selbstbeeinflussung) basierendes, didaktisch klar gegliedertes Verfahren zur Selbstentspannung. Es ist eine weit verbreitete und anerkannte Methode, um Stress und psychosomatische Störungen zu behandeln. Bereits innerhalb der Grundstufe lässt sich mit den Komponenten der Schwere- und der Wärmewahrnehmung nach mehrwöchigem Training eine psychovegetative Gesamtumschaltung erreichen. Zusätzliche Organübungen vertiefen die Körperwahrnehmung. Dabei wird das Ziel verfolgt, sich selbst in einen Zustand der Entspannung zu bringen. In der Unterstufe werden besonders körperliche Vorgänge beeinflusst. Dabei versucht der Übende sich ausschließlich auf seinen Körper zu konzentrieren. Hierbei liegt er entspannt auf dem Rücken oder befindet sich in der sogenannten Droschkenkutscherhaltung. Zu den Grundübungen gehören Schwereübungen (z. B. *„mein Arm ist schwer"*), Wärmeübungen, Atemübungen (z. B. *„mein Atem ist ganz ruhig"*), Bauchübungen, Herzübungen und Stirnübungen (z. B. *„mein Kopf ist leicht"*). In der Oberstufe des Autogenen Trainings kommt es zur Vorstellung von Bildern (z. B. eine Rose, eine brennende Kerze) und von selbst gewählten Situationen (z. B. eine Reise auf den Meeresgrund oder auf den Gipfel eines Bergs). Durch den entspannten Zustand kann so die Möglichkeit zur Lösung von Problemen und zur Linderung oder Heilung von Krankheiten geschaffen werden.

Angewandt werden kann Autogenes Training bei vielen Beschwerden und Erkrankungen, z. B. bei Stress, Muskelverspannungen, Herz-Kreislauf-Erkrankungen, Schlafstörungen, Migräne, innerer Unruhe und Schmerzen.

Meditation

Meditation (abgeleitet von den lateinischen Wörtern *„meditatio"* = *„Ausrichtung zur Mitte"* und von *„medius"* = *„mittlerer"*) beschreibt eine in vielen Religionen und Kulturen geübte spirituelle Praxis. Hierbei soll sich der Geist durch Achtsamkeits- und Konzentrationsübungen beruhigen und sammeln. Die angestrebten Bewusstseinszustände werden oft mit Begriffen wie Stille, Leere, Eins-Sein, im Hier und Jetzt sein und mit frei von Gedanken beschrieben. In östlichen Kulturen gilt das Meditieren als eine grundlegende und zentrale bewusstseinserweiternde Übung. Meditation als spirituelle Praxis ist dabei immer auch in unterschiedliche religiöse, psychologische und ethische Lehrgebäude eingebunden. In westlichen Ländern dagegen wird die Meditation auch unabhängig von religiösen Aspekten oder spirituellen Zielen zur Unterstützung des allgemeinen Wohlbefindens, zum Stressabbau und im Rahmen der Psychotherapie praktiziert.

Alle Meditationsarten haben das Ziel, einen vom Alltagsbewusstsein unterschiedenen Bewusstseinszustand herbeizuführen, in dem das gegenwärtige Erleben im Vordergrund steht, im Gegensatz vom gewohnten Denken fehlen Bewertungen sowie der Blick in die Vergangenheit (Erinnerung) oder in die Zukunft (Pläne, Ängste).

Durch die Meditation soll ein Bewusstseinszustand erreicht werden, in dem gleichzeitig äußerste klare hellwache Achtsamkeit und tiefste Entspannung möglich sind. Generell unterscheidet man zwei Gruppen von Meditationsarten: die passive (kontemplative) Meditation, die im stillen Sitzen praktiziert wird, und die aktive Meditation, bei der körperliche Bewegung, achtsames Handeln oder auch lautes Rezitieren zur Meditationspraxis gehören. Im allgemeinen Sprachgebrauch wird unter Meditation meist nur die passive Form verstanden, so wie sie bspw. in Abbildungen des meditierenden Buddhas symbolisiert wird. Zu den aktiven Meditationstechniken gehören bspw. Tantra, Yoga und die Kampfkünste. Bei der Meditation richten Sie Ihre Aufmerksamkeit ganz gezielt auf nur ein Objekt - im Unterschied zu Handlungen im Alltag, bei denen Sie sich auf wechselnde Reize konzentrieren. Als Objekt der Konzentration empfiehlt sich die Wahl eines Wortes, wie z. B. Om - So-Ham - Ham - diese Laute wirken gleichzeitig beruhigend. Ziel ist es, den Geist von allen anderen Gedanken zu entleeren - wenn Ihre Gedanken abschweifen, kehren Sie unverzüglich zu Ihrem gewählten Laut zurück. Wichtig ist außerdem die Meditationshaltung, dass heißt eine Körperstellung, in der Sie über längere Zeit bewegungslos verharren können. Beginnen Sie die Meditationen mit einer Dauer von 20 Minuten und steigern Sie sich langsam auf eine Stunde.

Entspannende Musik - Klänge für die Seele

Beginnen Sie den Abend nach einem stressigen Einkaufstag in der Adventszeit mit Weihnachtsmusik, die von Frieden und Versöhnung kündet. Denn was kann es Schöneres geben, als sich nach einem langen und harten Tag den Klängen entspannender Musik hinzugeben? Lauschen Sie heilsamen Klängen, die Körper und Geist beruhigen, die inneren Frieden und Harmonie schenken. Keine störenden Umweltreize mehr wahrnehmen, Abstand vom Alltag und Nähe zum Selbst gewinnen, leer werden können. Klänge schweben durch den Raum - Eintauchen in eine Welt der Harmonie - das haben Sie sich verdient. Auch Klänge aus der Natur eignen sich, Harmonie und Wohlbefinden zu verströmen, z. B. das Schweben des Windes, das Rauschen des Meeres, das Plätschern eines Baches oder das Zwitschern von Vögeln oder Gesänge von Walen. Musikalisch vielleicht noch unterstrichen von der Panflöte, der Harfe oder von Gitarren - dies alles lässt uns eintauchen in unbeschwerte Träumereien und heitere Gedanken an eine schöne Landschaft oder einen sorglosen Urlaubstag.

Auch gregorianische Gesänge erleben eine regelrechte Renaissance, da diese sehr heilsam wirken und uns Loslassen, Entspannen und Einssein ermöglichen. Kaufen Sie bei Ihrem nächsten Einkaufsbummel gleich eine CD mit den singenden Mönchen, die Melodien schweben gleichsam außerhalb von Raum und Zeit und beschwören die Ewigkeit herauf. Die Tongirlande der Gesänge und die Kraft der ruhig fließenden Männerstimmen macht es fast unmöglich, nicht in einen herrlichen Zustand der vollkommenen Entspannung zu versinken.

Progressive Muskelentspannung - Abbau von Stress nach Jacobsen

Die progressive Muskelentspannung wurde bereits im Jahre 1938 von dem amerikanischen Psychologen Edmund Jacobsen entwickelt, in den 60er Jahren des vorherigen Jahrhunderts kam die Entspannungstechnik auch nach Deutschland. Sie ist eine der bekanntesten Methoden zur Verminderung und Prävention von Stress, außerdem wird Stress nicht nur abgebaut, sondern das Gehirn wird auch sensibilisiert und kann so neu auftretenden Stress schneller erkennen und vermeiden. Die Progressive Muskelentspannung ist kinderleicht zu erlernen und wirkt meist schon nach der ersten Anwendung positiv. Das Prinzip ist denkbar einfach. Verschiedene Muskelpartien werden nacheinander angespannt und nach kurzer Zeit wieder losgelassen. Durch den Kontrast von Muskelanspannung und -entspannung nimmt man die eintretende Entspannung wesentlich intensiver wahr als ohne vorherige Anspannung.

Die progressive Muskelentspannung ist ohne Weiteres im Selbststudium in Form einer geführten Audio-CD oder auch in einem Kurs erlernbar. Die Palette der Einsatzgebiete ist lang und reicht von Stress, Angst, Lampenfieber, Kopfschmerz, Migräne, Tinnitus bis zu Schlafstörungen, Konzentrationsstörungen und Bluthochdruck. Ideal ist auch, dass die Methode ohne weitere Hilfsmittel jederzeit und an jedem Ort einsetzbar ist. Im Laufe der Übung werden alle Körperteile angespannt und dann wieder losgelassen, der Text für den rechten Arm lautet etwa: Spannen Sie Ihren rechten Arm an. Fühlen Sie die Anspannung? Halten Sie die Spannung kurz, dann entspannen Sie den rechten Arm. Spüren Sie, wie sich der Arm wieder entspannt, mehr und mehr? Am Ende der Gesamtübung nehmen Sie die Entspannung zurück. Räkeln und strecken Sie sich, atmen Sie tief ein und aus. Nach dem Üben werden Sie sich ganz wach und frisch fühlen!

Spaziergänge

Durch Bewegung an der frischen Luft wird das Immunsystem aktiv, denn durch die Einwirkung verschiedener Klimareize werden die Abwehrkräfte gestärkt. Deshalb am besten in der Weihnachtszeit auch bei Wind und Wetter an die frische Luft gehen, denn wie heißt es so schön: Es gibt kein schlechtes Wetter, nur schlechte Kleidung. Ein ganz wesentlicher Aspekt beim Wandern ist auch der Naturaspekt. Durch das Betrachten und Erleben der winterlichen Landschaft beruhigt sich der Geist und die Seele jubiliert beim Genießen der vielfältigen Eindrücke der Natur. Machen Sie sich bei Ihrem nächsten Spaziergang alle diese Eindrücke ganz bewusst und lassen Sie diese gezielt auf sich wirken: Die Kälte, die Sie im Gesicht spüren. Der Ast, der im Wind weht. Die letzten Blätter, die von den Bäumen fallen. Erleben Sie die Natur jeden Tag von Neuem. Spaziergänge sind die beste Form der Meditation in der Natur, eine Art der Meditation im Gehen. Schalten Sie komplett ab, nehmen Sie nur noch Ihre Schritte und die Landschaft wahr. Idealerweise erlebt man schon in der Adventszeit oder an Weihnachten eine traumhaft verschneite Landschaft, welche uns umso mehr in eine weihnachtliche Stimmung zu versetzen vermag.

Sorgen Sie für Wohlgefühle

Sogen Sie in der Weihnachtszeit für ausreichend Wohlgefühle, um Ihrem Körper und Geist die nötige Entspannung zu schenken. Geborgenheit, Harmonie, kuschlige und sinnliche Momente, Zeit für uns selbst - all das brauchen wir so sehr wir in der Weihnachtszeit. Der Seele Nahrung geben, uns selbst verwöhnen - wie Ihnen das am besten gelingt, lesen Sie nachstehend.

Entspannende Bäder

Gerade in der der kalten und stressigen Weihnachtszeit sollten Sie sich gelegentlich, am besten abends, ein heißes Bad gönnen, welches Ihnen eine wunderbare Regeneration schenkt. Schon während Sie ins Wasser steigen, werden Sie spüren, wie die sanfte Wärme, das Wasser und der Duft des Bades Sie wie ein wohliger Mantel umhüllen. Tauchen Sie ein in das Wasser und in eine Wohltat für die Sinne, lassen Sie los und erleben Sie eine komplette Entspannung von Körper, Geist und Seele. Verwenden Sie bevorzugt Badeöle mit reinen ätherischen Ölen als Zusatz, denn nur reine ätherische Öle haben eine heilende und harmonisierende Wirkung. Lavendel und Melisse beruhigen und entspannen, Rose und Ylang-Ylang harmonisieren und Orange, Nelke, Zimt und Vanille sorgen für eine weihnachtliche Stimmung.

Duftlampen

Für ein besonderes Wohlbehagen sorgen auch Duftlampen, die mit reinen ätherischen Ölen versetzt werden. Ein solches Dufterlebnis passt bspw. optimal zu einem Adventsabend, wenn Sie gemütlich ein Buch lesen, basteln oder auch Meditieren oder Yoga machen. Atmen Sie den Duft der Aromaöle tief ein und spüren Sie die entspannende und harmonisierende Wirkung der ätherischen Öle ganz bewusst. Neben entspannend wirkenden Ölen Lavendel und Melisse und harmonisierenden Ölen Ylang-Ylang und Rose erwecken Mandarine, Weihrauch, Sandelholz, Orange, Vanille, Zimt, Ingwer und Nelken eine ganz eigene weihnachtliche Stimmung. Fichtennadelöl, sowie Auszüge aus Edeltanne und Zedernholz, rufen Erinnerungen an einen weihnachtlichen, winterlichen Wald hervor. Machen Sie sich die ganz spezifischen Wirkungen der ätherischen Öle zunutze und setzen Sie diese gezielt ein - je nachdem, welche Stimmung Sie hervorrufen wollen.

Kerzenlicht, Kaminfeuer

Für behagliche Gefühle sorgen in der Weihnachtszeit besonders auch Kerzenlicht und Kaminfeuer.
Die Wärme des Feuers, das Licht, das Flackern
der Kerze bzw. das Knistern des Kaminfeuers
stehen für Gemütlichkeit und Geborgenheit und
sorgen für Entspannung. Kerzenlicht und Kaminfeuer wärmen Körper, Geist und Seele und rufen
Assoziationen an gemütliche und harmonische
Weihnachten hervor.

Weihnachtsfilme, -bücher, Märchen, Weihnachtslieder

In der Weihnachtszeit regen Weihnachtsfilme und -bücher, auch Märchen und Weihnachtslieder uns zum Träumen an - in dieser Zeit dürfen wir ruhig einmal von einer heilen Welt träumen, in Geschichten von Harmonie, Liebe und Frieden versinken und die schöne Botschaft der Versöhnung in uns aufsaugen. Märchen und Weihnachtsfilme lassen uns in Erinnerungen schwelgen, als Weihnachten so wundervoll war, wir noch nichts von Kriegen und Unheil wussten. Diese Gefühle dürfen wir in der Weihnachtszeit noch mal durchleben und aufleben lassen und die Welt um uns herum für einige Stunden still stehen lassen.

Plätzchen backen, das Haus schmücken

Warum lieben es so viele Menschen, in der Weihnachtszeit zu backen - wo es doch überall Plätzchen zu kaufen gibt? Warum ist es außerdem für viele Leute das reinste Vergnügen, das Haus und den Garten festlich zu schmücken? Weil genau durch diese Tätigkeiten wieder die Erinnerung an die *„gute alte Zeit"* in uns erwacht, weil diese Tätigkeiten auch für Harmonie und Weihnachtsstimmung stehen. Das ganze Jahr arbeiten wir am Computer, der Geist ist angestrengt, der Kopf raucht. Aber auch der Körper und Seele brauchen Nahrung. Tätigkeiten wie Backen und Schmücken erden uns wieder, machen uns zufrieden und glücklich, helfen uns, unsere Körpermitte zu finden. Den Plätzchenteig mit den Händen kneten, die Plätzchen in den Herd schieben, die Adventszweige mit Glocken und Kugeln schmücken - all das gibt uns den so ersehnten inneren Frieden.

Epilog

Nun sind Sie schon am Ende dieses Buchs angelangt - ich hoffe, dass viele der Tipps und Anregungen für Sie hilfreich sind. Auch hoffe ich, dass Sie den nicht einfachen Spagat zwischen Weihnachtshektik und Entspannung, zwischen Individualismus und Rücksichtnahme auf andere, mit Bravour meistern. Und auch, dass Sie am Ende des Weihnachtsfestes nicht etwa sagen müssen: *„Nie wieder - nächstes Jahr mache ich alles anders oder fliege weg, so weit als möglich."* Vielmehr wünsche ich Ihnen ein Fest mit viel Harmonie, Freude und der richtigen weihnachtlichen Stimmung - und mit strahlenden Augen unter dem Christbaum, wie einst als Kind.

In diesem Sinne wünsche ich Ihnen von ganzem Herzen ein wunderbares, geruhsames und gesundes Weihnachtsfest.

Ihre Apothekerin Dr. Angela Fetzner

Zur Autorin

Dr. Angela Raab geb. Fetzner, geboren in Bad Kissingen, ebenda auch aufgewachsen.

Studium der Pharmazie in Würzburg, anschließend Approbation zur Apothekerin. Aufbaustudium der Pharmaziegeschichte in Marburg, Abschluss als Pharmaziehistorikerin.

Dort auch Promotion zum Dr. rer. nat.

Seit 1996 bis dato Arbeit in öffentlichen Apotheken und Krankenhausapotheken in ganz Deutschland sowie der Schweiz. Daneben Seminartätigkeit im In- und Ausland.

Von 2012-2017 Veröffentlichung von mehr als 40 Ratgebern und Fachbüchern v. a. zu verschiedenen Gesundheitsthemen, die Tausende von Lesern begeistern.

Ein herzliches Dankeschön

- an dieser Stelle an alle werten Leserinnen und Lesern.

Wenn Ihnen mein Ratgeber gefallen hat und dieser für Sie nützlich ist, würde ich mich über eine kurze Rezension freuen.

Lob, Kritik oder Anregungen können Sie mir gerne auf meiner Facebook-Seite

https://www.facebook.com/AngelaFetzner

Oder auf meiner Autorenhomepage mitteilen:

http://www.angela-fetzner.de

Bücher von Dr. Angela Fetzner

Finden Sie alle auf der Autorenhomepage:
http://www.angela-fetzner.de

Auf meiner Homepage finden Sie nicht nur alle meine Bücher und E-Books.

Darüber hinaus möchte ich meinen Leserinnen und Lesern auch einen besonderen Service bieten. So stelle ich auf meiner Homepage regelmäßig Onlinelesungen von mir ein, weiter schreibe ich Blogartikel zu verschiedenen Themen sowie Rezensionen zu diversen Büchern.

Hier können Sie sich auch für meinen Newsletter anmelden, um regelmäßig Informationen über neue Bücher, Preisaktionen, Verlosungen und Gesundheitstipps zu erhalten.

Außerdem finden Sie meine E-Books in allen führenden Online Shops und die Druckbücher im Versand- und Standardbuchhandel.

Qualität im Zeichen des Mörsers

Warum Qualität im Zeichen des Mörsers?

Warum Fachbuch, Sachbuch und Ratgeber in den Bereichen Medizin, Pharmazie und Gesundheit besser nicht von Laien geschrieben werden sollten? Nun, die Gründe liegen auf der Hand - gerade in diesem sensiblen Bereich ist eine genaue, fachlich kompetente Überprüfung der Inhalte erforderlich.

Im Zuge der an sich positiven Öffnung des Buchmarkts ergeben sich leider aber auch Märkte für Betrüger, Scharlatane und selbst ernannte Experten. Deshalb sollte der Leser VOR dem Kauf eines Buches wissen, wer wirklich als Autor dahinter steht. Ein Großteil der Gesundheitsbücher wird von Laien geschrieben, welche über keinerlei medizinische oder pharmazeutische Ausbildung verfügen. Damit diese Tatsache dem Leser nicht auffällt, schreiben diese Autoren unter einem Pseudonym und legen großartige, gefälschte Autorenprofile an, in denen sie wahlweise Ärzte, andere Doktoren, Ernährungswissenschaftler, Ernährungsberater, Heilpraktiker, Coachs oder Psychologen sind. Dazu kommen noch gefakte (käufliche) Fotos von jungen, dynamisch wirkenden Personen - welche diese Autoren aber natürlich gar nicht sind. Der Fantasie des Betrugs sind hier keinerlei Grenzen gesetzt.

Auf diese Weise wollen diese Fake-Autoren Kompetenz vortäuschen, welche sie in Wirklichkeit natürlich nicht besitzen. Liest man die *„Bücher"* dieser falschen Autoren durch, werden dort bestenfalls nutzlose Hinweise gegeben - ich habe aber auch schon *„gute"* Ratschläge gesehen, welche dem Leser das Leben kosten können… Das Problem ist hierbei, dass die Leser den scheinbaren Experten vertrauen und als Laien ja auch gar nicht merken, was in solchen *„Büchern"* vom Stapel gelassen wird. Hinzu kommt, dass viele der *„Autoren" „Mehrfachidentitäten"* besitzen, d. h. sie benutzen mehrere Pseudonyme, unter denen sie oftmals den gleichen Content veröffentlichen. Der Anteil an höchst unprofessionellen, inhaltlich falschen, gefährlichen und wertlosen *„Büchern"* - die *„Bücher"* umfassen hierbei oft nur 10-50 Seiten - steigt exponentiell an, so dass sich der Leser erst mal den Weg durch all diese *„Werke"* bahnen muss.

Aus diesem Grund habe ich - um eine Schneise in den kaum zu durchdringenden Dschungel von qualitativ minderwertiger Laiensachliteratur zu schlagen - das Qualitätslogo im Zeichen des Mörsers entwerfen und schützen lassen, welches dem Leser geprüfte Qualität verspricht.

Qualität im Zeichen des Mörsers

Der Mörser gilt seit dem späten Mittelalter als das bekannteste mit der Apotheke verbundene Symbol und als das Apothekenwahrzeichen schlechthin.

Bei Büchern im Zeichen des Mörsers können Sie darauf vertrauen, dass die Autorin als promovierte Apothekerin sowohl die entsprechende Fachkompetenz als auch die notwendige Praxiserfahrung besitzt. Alle Bücher entsprechen dem aktuellen Wissensstand der Medizin und Pharmazie.

Als Apothekerin der Praxis mit dem entsprechenden fachlichen Wissen ist es das Anliegen der Autorin, dem Leser komplizierte medizinische Sachverhalte verständlich nahe zu bringen. Als unabhängige Autorin und Apothekerin fühlt sich die Verfasserin nur der Gesundheit und dem Wohl der Menschen verpflichtet.

Das große Handbuch der Menstruation für Frauen

Kompetent, verständlich, offen, humorvoll und ohne falsche Tabus erklärt die Apothekerin und Autorin Dr. Angela Fetzner auf über 300 Seiten ALLES, was Frauen über die Menstruation wissen sollten.

Die Menstruation - Kreis des Lebens

Zunächst werden spannende und geheimnisvolle Mythen rund um die Menstruation dargelegt. Weiter werden alle Vorgänge des weiblichen Zyklus erklärt - dazu gehören insbesondere Ablauf der Menstruation, das Menstruationsblut an sich, Stärke der Blutung, Beginn der Blutung, Wechseljahre, Schwangerschaft, Körperhygiene, usw. Auch das prämenstruelle Syndrom sowie Abweichungen von der normalen Menstruation werden erläutert.

Pflanzenheilkunde - Die älteste Therapieform der Welt

Die natürlichen Heilmittel, insbesondere die Heilpflanzen, waren lange Zeit das einzige Arzneimittelreservoir für Ärzte und Apotheker. Heilpflanzen dienten zudem als wichtige Rohstoffe für die Herstellung von Medikamenten.

Heilpflanzen bestimmen, sammeln und trocknen

Heilpflanzen lassen sich fast überall in der Natur finden - auf Wiesen, im Wald, am Wegesrand. Wie man Heilpflanzen sammelt und bestimmt, welche Pflanzenteile - Blüten, Blätter, Früchte, Wurzeln und Rinde - verwendet werden, dies alles wird in diesem Buch erklärt.

(Hierzu enthält das Buch Farbfotos der Heilpflanzen)

Das große Buch zum Entgiften von Körper und Seele

400 Seiten voller fachkundiger Information.

Entgiften - also das Ausleiten von Schadstoffen aus dem Körper - blickt auf eine lange Tradition zurück.

Seit jeher haben Menschen den Wunsch verspürt, ihren Körper und auch ihre Seele in regelmäßigen Abständen zu reinigen und von allem überflüssigen und schädlichen Ballast zu befreien.

Die Maßnahmen zur Entgiftung dienen v. a. auch dazu, die Selbstheilungskräfte des Körpers in Gang zu setzen.

In diesem Buch werden alle natürlichen Therapien und Behandlungsmethoden geschildert, die sich als wirksam für eine grundlegende Entgiftung des Körpers sowie der Seele erwiesen haben.

Die Akupunktur ist eine Heilmethode der Traditionellen Chinesischen Medizin

Bei der feine Nadeln in verschiedene Körperregionen gestochen werden. Auf diese Weise können Krankheiten geheilt, Schmerzen gelindert und das Wohlbefinden gesteigert werden.

Der Therapeut lenkt die Lebensenergie in die richtige Bahn

Grundlage der Akupunktur ist die Vorstellung einer fließenden Lebenskraft - chinesisch Qi - auf welcher alle Prozesse des Lebens beruhen.

Ein gestörter Energiefluss – die Lebensenergie kann in diesem Fall nicht mehr frei fließen - wird dagegen für alle Arten von Erkrankungen verantwortlich gemacht.

Qualität & Kompetenz
im Zeichen des Mörsers
von Ihrer Apothekerin

Dr. Angela Fetzner